长长的路，慢慢地走！
结伴同行，内心丰盈！

发现语文的美丽

许红 许娟/著

世界图书出版公司
WORLD PUBLISHING CORPORATION

图书在版编目（CIP）数据

发现语文的美丽 / 许红，许娟著 . -- 北京：世界
图书出版公司，2019.6

ISBN 978-7-5192-6338-6

Ⅰ . ①发… Ⅱ . ①许… ②许… Ⅲ . ①小学语文课—
教学研究－文集 Ⅳ . ① G623.202-53

中国版本图书馆 CIP 数据核字（2019）第 111134 号

书　　　　名	发现语文的美丽	
（汉语拼音）	FAXIAN YUWEN DE MEILI	
著　　　者	许 红 许 娟	
总 策 划	吴 迪	
责 任 编 辑	冯晓红　刘贝贝	
装 帧 设 计	刘 岩	
出 版 发 行	世界图书出版公司长春有限公司	
地　　　址	吉林省长春市春城大街 789 号	
邮　　　编	130062	
电　　　话	0431-86805551（发行）　　0431-86805562（编辑）	
网　　　址	http://www.wpcdb.com.cn	
邮　　　箱	DBSJ@163.com	
经　　　销	各地新华书店	
印　　　刷	三河市燕春印务有限公司	
开　　　本	787 mm×1092 mm　1/16	
印　　　张	12	
字　　　数	221 千字	
印　　　数	3 001—5 000	
版　　　次	2019 年 6 月第 1 版　　2020 年 5 月第 2 次印刷	
国 际 书 号	ISBN 978-7-5192-6338-6	
定　　　价	45.00 元	

语文是一门离生活与生命最近的科目，她有一种特殊的亲切之感。这些年，我一直倡导在生活中，通过活动，寻找语文元素，把语文生活化，将这个丰富多彩的世界呈现给孩子们。

语文是感性的，语文课程内容是感性的，学生也是以感性的方式来掌握语文的。语文教师要引领学生将平面的文字转化为立体鲜活的人物形象，让人物从文字中走出来，走到学生的跟前，走进学生的心中。

语文是一门美的学科。语文教师不仅要引导学生感受大自然的美，更要引导学生感受文学经典之美、日常生活之美、社会生活之美、影视艺术之美……更重要的是，最终我们要引导学生由审美走向创造。

语文教师就是为创造美而进行劳动。学习语文，能使年幼的心灵高尚起来，能事先防止冷漠情绪。在孩子们创造大地上的美的过程中，我们自己也会变得更美好、更纯洁。这些年，孩子们在成长，我也在成长；孩子们收获了，我也跟着收获了。

妹妹许娟，跟我一样也是一位小学语文教师。我俩在语文教学方面有很多相似的观点，交流过程中，经常能碰撞出火花。这个假期，我们把各自语文教学工作中的点点滴滴汇成这本册子，自娱自乐之余，也拿出来分享，不足之处，还望各位同人批评指正。

最后，愿通过我们的努力，学生充分感受到语文的美，发现语文的美。愿今天的耕耘，为明天绘就一幅"喜看稻菽千重浪，倾听幼竹拔节声"的丰收图画。

目录 CONTENTS

上 篇　教学实践

上 篇

教学实践

读书，我们生活的必需

——论经典诵读的教育意义

一、引论

4月23日是"世界阅读日"，这是全世界读书人共同的节日。读书不但可以提升个人精神生活质量，而且对于民族和国家具有特殊意义，因为一个民族的精神境界，在很大程度上取决于这个民族的阅读水平。

第二次世界大战期间，有一个记者问英国首相丘吉尔："莎士比亚和印度，哪个对你更重要？"印度当时是英国最大的殖民地，印度的财富、人口、土地应该说对英国有足够的诱惑，然而丘吉尔却回答说："我宁可失去五十个印度，也不能失去一个莎士比亚。"

此言令人深思。世界上那些生命力强大的民族，几乎都是热爱阅读的民族，善于阅读的民族。例如，世界上哪个民族的人读书意识最强？犹太人。犹太人平均每人每年阅读65本书，我们中国是多少？有人统计过，每人每年不到5本，这还包括教科书。你想想，一个每年人均读5本书的民族，怎么能跟读65本书的民族去竞争呢？全世界的犹太人只有三千多万，但是犹太人创造的财富和奇迹举世闻名。近代这一两百年的历史，犹太人几乎影响了全世界人的思想。

美国人讲，全世界的钱在美国人的口袋里，因为美国人的财富差不多占了世界财富的三分之一以上；而美国人的口袋呢，在犹太人的脑袋里。每一届诺贝尔奖获得者当中几乎都有犹太人。三千万人，只是我们中华民族的一个零头啊！他们在那样恶劣的沙漠地区里创造了多少先进的技术？农业技术、空间技术、军事技术、计算机技术……他们在很多领域都处于世界领先地位。为什么犹太人能够取得这样辉煌的成就？因为他们热爱读书。500万以色列人，订的英文报纸就是100万份。犹太人生下小孩的第一件事，就是在《圣经》上涂上蜂蜜，让婴儿亲口去舔，让他从小就知道书是甜的。犹太人对书的崇拜，差不多近乎对宗教的崇拜：不允许把书踩在脚下，不允许把书放在脚边，而是放在枕边。

当前，读书的问题已经成为我们整个中华民族的大问题。最近有关部门组织的"全国国民阅读调查"显示，我国国民图书阅读率连续6年持续走低。再来看看学校的读书情况：教师们生活在校园里，环境相对封闭，工作又十分忙碌，一年到头在日复一日的教学循环中穿梭，光放电，不充电。绝大多数教师很少有时间读书，整日被"正统"的作业或教科书、工作压力所包围。在去图书馆的教师中，语文教师竟然是最少的！试想，面对当今不断推出的各种教育改革，面对社会和家长更新更高的要求，面对思维活跃的学生，教师们何以应对？正如特级教师黄玉锋所批评的："语文教师只是一个'贩卖人'，他们的教学方法不需要读书，只需要做题目，题海战术的结果是苦了自己也苦了学生。烦琐的语文分析，照本宣科的教学方式已经越来越不为学生所接受，学生的阅读面和阅读量正在超过教师。"学生们的阅读现状也让人担忧：大量的课外阅读可以为学生提供良好的"智力"背景，促进其个性的健康发展。但是一些学生和家长，甚至部分教师对此的认识却失之偏颇。可见，长年来推行应试教育的浓重阴影，使得被誉为开启智慧之门的课外阅读受到了无辜的"冷落"。数据表明，更多的学生在电视与课外书之间更喜欢前者，但是如果让学生过分地依赖声像材料，久而久之，就会削弱他们感受语言文字的能力。

有人做过统计，一套小学六年制语文教材，只有340篇课文、3000多个生字。当我们穿过凝重的历史走廊，面对五彩缤纷的精彩世界，传授给孩子的难道仅仅是这些单薄的知识，或者说这就是我们给予孩子的全部？显然，仅仅靠一套教科书，是无法使我们的孩子学会学习、学会生活、学会生存、学会创造的。

所以，应该让阅读成为我们的生活必需，让书籍成为我们的精神伴侣。无论是古代的还是现代的，无论是中国的还是外国的，无论是科技的还是人文的……凝聚着人类文化精神的读物都应进入我们的视野，这样我们才能成为人类文明之火的传薪者。

二、不可或缺的精神底子——为什么在小学阶段实施经典诵读工程

如果实事求是地分析一下，人们就不难发现：从某种意义上说，即使撇开"文化大革命"的那十年，差不多从21世纪以来，不仅仅是在教育上，我们对于优秀传统文化的传承，也处于一种青黄不接的境地。尽管不能简单地指责语文教育"误人天下苍生"，但是十几年的正规教育竟然不能使学生对祖国的古典诗文有一个最基本的了解，这一事实无可争辩地证明着我们教育对传统文化的冷漠。

一些海外华人教授反映：不少中国留学生外语好、数理化好、经济头脑好，但不了解长城、黄河，不了解文天祥、史可法，不了解孔子孟子、唐诗宋词。试想，对自己国家的地理、历史、文化如此缺乏最基本了解的人，又怎么能有感情、有责任地为祖国服务呢？随着素质教育的不断深化，我们感到越来越困惑，忽然一下子找不到感觉了。毫无疑问，我们培养的是适应21世纪需要的新型人才，他们当然要接受现代的科学技术文化知识，但我们是一个具有五千年悠久历史的国度，这是一个基本点。忽视这一点是不明智的。素质教育的内涵相当厚重宽泛。作为小学教育，尤其不能把素质教育庸俗地理解为仅仅多开设一点音体美活动。学校教育既要面向世界，又要继承传统，要用现代化科技与传统文化来共同滋养学生。2005年11月，广东省惠州市南坛小学实验学校正式成为"全国百所经典古诗文诵读学校"。小学生求知欲旺盛、记忆力强，正是诵读古诗文的最佳阶段。因此，在小学生中开展"古诗文诵读"活动，在循序渐进的原则上注意根据学生的年龄特点，选取那些对于治国、持家、学习、工作、为人处世有益的，甚至可以说是能够让学生终身受益的诗文进行背诵。对学生进行诗文素养的培养，是时代的呼唤，是加强思想道德教

育，弘扬民族文化和民族精神的重要途径。

三、筑起水量充沛的"都江堰"——学生读书的意义

中华古诗文是我国历史长河中一颗璀璨的明珠，从楚辞汉赋到唐诗宋词，泱泱大国的诗风词韵陶冶了一代又一代的华夏儿女。尤其是古诗词，短小精悍，字字珠玑，常常是一字惊人，千锤百炼的诗句蕴含着丰富的情感和内容。

"床前明月光，疑是地上霜。""天苍苍，野茫茫，风吹草低见牛羊。"朗朗上口的古诗词，小孩子很容易就能背诵。作家余秋雨曾说过："在孩子们还不具备对古诗文经典的充分理解力的时候，就把经典交给他们，乍一看莽撞，实际上却是文明传承的绝佳措施。幼小的心灵纯净空廓，由经典奠基可以激发起他们一生的文化向往。我10岁左右就背诵了不少诗文，直到40多岁能够较深刻地回味这些诗文的含义时，禁不住以万里漫游来寻找这些诗文的描述实地和写作实地，真是感受无限。"小说家金庸说外国人常问他什么叫"中国特色"，他说，只要把中华古诗文拿出来，随便背一篇就能说明问题。他的一位英国教授朋友来中国，早晨起来散步，一个正在修剪花枝的园丁向他打招呼："春眠不觉晓，处处闻啼鸟啊！"他乘船过三峡，又听一位水手吟道："……轻舟已过万重山。"他感慨不已：一个连贩夫走卒都知道古诗文的国度，文化根基自然了不起！孩子们背诵古诗文不是要让他们学习很多知识，更多的是一种情感的、民族性格的熏陶。要的是他们继承那温柔敦厚、乐而不淫、哀而不伤的诗教，使孩子们能养成孔孟所提倡的至大至刚的人格。

春秋战国留下的哲学思想，让我们能在做人、处世、治国等方面有所依据；《诗经》、《楚辞》、唐诗、宋词、元曲等文学作品陶冶了我们的精神层次；八卦、《易经》、理学、禅宗思想也开阔了我们的视野和大脑的想象空间。或许有人会怀疑，多看多读中华古诗文经典就使自己更能立足于未来的科技时代？请不要怀疑古籍有帮助我们的能力。老子与宋代的张载就是最好的理论物理学家，老子的宇宙观到今天都还被证明是正确无误的。而最重要的是令自己的大脑多汲取不同的思想可发挥想象力的自由度，多读诗词、文学著作可

提升人的气质和专心程度。如果我们想让自己成为一个有用的人，这两个条件都是不可或缺的。19世纪和20世纪之交，文人都受过中国传统文化的熏陶，包括茅以升那样的理工科学家在内，国学根底很深，从而产生了一批大师级的人物。近几十年，为什么我们没有大师级人物？为什么没有产生世界性的著作？我觉得，除了封闭、贫穷、"文革"等原因外，一个很重要的原因是传统文化的底子太薄。多年极"左"的政治运动导致传统文化断层，这是一个多么惨痛的教训啊！孩子们不可能读那么多哲学书，做那么多形而上的思考，最好的办法就是诵读古典优秀诗文，那些名篇、名句都是人生哲理、中国魂，字不虚设，一篇顶若干篇。在心灵纯净的童年时期记诵下来的东西，如同每天的饮食，会变成营养化为生命的一部分，长大之后在学习、工作、待人接物中自然运用出来。至于成年后再来读这些书，因为有了先入为主的观念，犹如脾胃不健康的人，即便面对丰盛的美食，也难以吸收其营养了。

现在，我们的孩子可以为了考试求高分，猛啃教科书，却不愿花一些时间去阅读一本好书，哪怕欣赏一篇短文，除非老师补充说"这个会考"。长久下来，我们的阅读领域变得极为窄化，所能接受的只有漫画或言情、武侠小说之流，这种现象不仅可惜，也是十分可悲的。

因此，一定要建立起"书香班级"，形成一个"书香小社会"。我曾实施了一个读书计划：指导学生背诵《弟子规》《三字经》《千字文》……从低年段抓起，从读书抓起，希望学生能利用人生记忆的黄金时期，把中国传统文化中最经典、最精华的作品牢牢刻在心灵深处，融入血液里，努力让这些浓缩了中华民族品格和精神的作品构成孩子一生发展的文化根基。让学生们在生命长河的源头，筑起水量充沛的都江堰。相信，随着岁月的流逝和孩子的日益长大，这会释放出源源不断的清流，滋养他们的思想，升华他们的人生。

四、静听自己成长的拔节声——学生读书的态度

"外面的世界很精彩，外面的世界很无奈。"的确如此，现在的孩子接收信息的方式和途径不断改变着新生一代的阅读习惯。电影、电视、多媒体、网络等视听媒介使孩子们接收信息的来源大大丰富起来。有人说，21世纪是眼

球经济。视听，使孩子眼球运动频繁，声觉系统灵敏，对于以安闲静憩的方式为主要特点的读书，孩子们显然兴趣降低了。

呼唤静读，远离尘嚣，让浮躁的心灵变得平衡和充实，宁静而致远，唯有阅读能达到这种境界。孩子们在人生黄金时期大嚼文化快餐，这是何等令人痛惜的浪费啊！孩子们太需要真正的充实和滋养了，我们不能数典忘祖，不能光是"蜂蝶纷纷过墙去，却疑春色在邻家"。我们要从《论语》《孟子》中重塑民族精神，唯其如此，羽翼才丰满，视野才开阔，目光才远大，胸怀才宽广。"判天地之美，析万物之理"，庄子的一句名言能给人的精神以强烈的震撼，那当然是由于这句格言本身所具有的气魄。一个从事教育的人就应当拥有这般审视天地之大美的博大胸怀，就让我们用中国最传统、最朴素的教法把孩子们学习经典诗文的热情充分激发和调动起来。相信在我们的教学实践中，它会再次证明：现代化不拒绝传统，现代化需要传统，关键是我们应当怎样创造性地继承传统。

"春雨断桥人不度，小舟撑出柳阴来"，总有一种力量让人感动，总有一些事情会有人来做。冲破浮躁与喧哗，我们南坛实小的"经典诵读计划"如一茎新苗悄然破土了，尽管还带着些许稚嫩。按照每学期70首左右的数量，学校教研处分别编选了适合一至六年级的古诗词，按年级分为上、中、下三部分，并适应学生的差异设了必读和选读两部分。低年段的孩子背诵《弟子规》《三字经》《看图读古诗》；三至五年级的学生诵读《千字文》《小学生必背古诗92首》《论语经典语句》等蒙学书籍。刚开始，学生手里拿着薄薄的小册子，里面有好多字不认识，有好多句子的意思不明白，面对这种情形，老师们不无担心：对听惯了流行歌曲、看惯了卡通片的孩子们来说，冷不丁地横上这么些"古典"，学生真的能接受吗？谈起初时的实验，韩小红老师笑着引用了李白的一句诗："小时不识月，呼作白玉盘。"随着时间的推移，同学们背诵古诗的兴趣和能力有了很大的提高，速度越来越快，已经进入良性循环。第一个学期下来时，已经集体背诵了近30首古诗，比整个学年的还要多。原来几个学习较差的同学还通过背诗找回了自信呢！就本班的学生而言，经期末检测，全校被评为背诵能手的达28人，其中一星级诗人13人，二星级诗人10人，三星

级诗人5人。

固定课外阅读的时间，是保证阅读质量的一个重要条件。学校课程安排上，每天早上7：40—8：00为全校性经典诵读时间；中午1：50—2：10为自主阅读时间；每班每周一节阅读课。"几处早莺争暖树，谁家新燕啄春泥。"为了调动学生的积极性，老师们群策群力，想尽办法：低年级的小朋友轮流做"一日小老师"，带大家范读诗歌；有的班级还建立"古诗小档案"，每背过一首古诗，由老师签名奖励，盖上小红花。对于中、高年级的学生，老师们还以班级、年级为单位，指导学生进行各种诗文活动："诗配画比赛""办诗文小报展览""诗文知识竞赛""背诵大王擂台赛"……对老师摸索出来的这些办法，学校都及时给予总结、肯定、完善，而后都以展板的形式加以推广宣传，并每学期表彰一次。

出人意料的是，开展诵读活动，首先受到"冲击"的是我们的老师。有的老师不好意思地说："开展这一活动，没想到实际上是先给我们自己出了一道难题，原来在学校学的那一点知识在学生面前还真有点捉襟见肘了。因为学生们所接触的已经远远不是学校编选的那本小册子了，冷不丁地脱口冒出一句诗词来向你请教，任谁学富五车也是难以一下子抵挡得住的。而且，很多'吃不饱'的高年级的学生，已经由字面理解向赏析过渡了。今天的老师，还能像三味书屋的先生那样很不高兴地说一声'不知道'吗？在学生的眼里，老师应该是无所不能的啊！"真的是应验了那句话："一年不学习，自己知道；两年不学习，同事知道；三年不学习，学生知道。"对于老师来说，一劳永逸、以不变应万变已经是不可能实现的奢望。"要给学生一杯水，老师须有长流水"啊！

其实，我们不必把阅读看作一种负担、一种任务，阅读就是一种自然而然的习惯，在于日常积累，习惯成自然。我们引领孩子们光顾那个美丽的书的世界，在文字阅读的世界里流连、陶醉，在书的世界中静听自己成长的拔节声。2006年6月，我们举办了一次经典诗文诵读成果展示会。展示会上，先后有200多个孩子，或诵，或唱，或歌，或舞，运用各种活泼的形式，把经典诗文演绎得有声有色。展示会达到高潮时，坐在台下的1000多名小学生情不自禁地跟着台上的孩子一起高声诵读，甚至一些家长——有年轻的夫妻，有满头白发的爷爷奶奶，也兴致勃勃地跟随着诵读起来……台上台下，齐声呼应，一时间整个大会堂诗声琅琅，动人心魄。面对此情此景，人们的心中充满了深深地感动！谁说我们的孩子只喜欢打打杀杀的动漫？谁说我们的孩子只热衷于网络游戏？当孩子们真正接触了这些凝练优美的诗文佳作，当孩子们真正进入了经典的世界，他们的审美趣味会自然而然地高尚起来，他们的举止会自然而然地文明起来，他们的修养气质会自然而然地高雅起来……

有专家这么说过："在特别注重和强调创新意识与能力的知识经济时代，世界各国都有一个如何面对本民族传统文化的重大课题。相当一部分国家都是从提倡让中小学生接受本民族的传统经典文化入手的。现在不是孩子们的爱好出了问题，而是我们教育自身出了问题——对传统的丢弃，让我们变得越来越飘零、浮躁。营造经典诗文诵读的氛围，运用各种丰富多彩的形式，把孩子们的目光引向经典诗文的美丽田园，让孩子精神生命的根深深扎在民族文化的沃土里。"是的，等到那个时候，我们收获的，不仅仅是孩子们语文修养的提高，不仅仅是孩子们气质修养的变化，更是民族灵魂的回归，是民族精神的复苏和振兴。这样成长起来的孩子，才可能既具有中国灵魂，又拥有世界眼光！

"半亩方塘一鉴开，天光云影共徘徊。问渠哪得清如许？为有源头活水来。""稻花香里说丰年，听取'娃'声一片"，每天早上，从每间教室里传出的琅琅读书声是那样动听。想象一下，当我们的孩子爱上唐诗宋词的时候，当我们的孩子充满深情地吟诵"天地玄黄，宇宙洪荒，日月盈昃，辰宿列张，寒来暑往，秋收冬藏……"无数个诗声琅琅的家庭，又会给我们整个社会带来什么影响？我想，每个人都能得出明确的答案。当读书成为我们一生习惯的时候，我们的国民素质将会发生根本的改观。那是我们民族的福祉，也是我们教师的骄傲！最后，就以同学们朗诵的一段台词为本章作结吧：

先天下之忧而忧，后天下之乐而乐，

这宏伟的抱负、崇高的情怀，

警策着多少仁人志士忧国忧民积极进取，

青少年是祖国的未来民族的希望，

我们如乳虎，

我们如朝阳，

少年智则国智，

少年强则国强，

少年雄于地球则国雄于地球，

我们将以传承民族文化振兴国家为己任，光大我中华！

与新课标同行

一、课标，你用了吗？

让我们先来看一组数据：新课标作为教学指导性文件，在一线教师使用过程中是否起到了"指南"作用呢？《教师报》读者俱乐部做了一个在线抽样调查，结果显示，65.5%的教师经常参照课标进行教学，27.9%的教师偶尔参照课标，6.6%的教师基本不参照课标。

就普通教师而言，研究课标的人不多，对照课标来备课的人则更少，在实践中，教师更看重手中现成的教案和网上的参考资料。课标似乎离我们很远很远，对于课标的认识非常模糊，缺乏深层次的研究，只有参加说课比赛或上公开课时，遇到一些无法明晰的问题时才会去翻阅课标。有的教师虽然课堂教学也不错，但是不太清楚课与课之间的联系，对教材缺乏系统的把握。还有的教师认为课标对自己的教学起不到什么作用，但越到后来，就越发觉自己的学科视界越来越狭窄，总感觉随着新教材、新理念的应用，自己对教材的整体欠缺把握，在多次的重复中毫无新意。

课标其实应该是教师教学的灵魂，是教师把握教材、吃透教材、变通教材的指导书，是教师教学理念的引领者。没有课标，教师的教学就没有灵魂，教学就会陷入经验主义的泥潭，缺乏科学性和创新性。

二、新课标，你学习了吗？

这次语文课标修订仅文字修改就有200多处，很多是吸纳大家的意见，让表述更准确、清晰。详细阅读后，会发现许多亮点。

一是适当减负。减负不仅是学习负担的减少，更是追求学习效率的提高。比如，过去一、二年级只要求会认1600～1800个字，会写800～1000个字。现在减少识字量，改为认识1600个字。其中会写800个字。进一步提倡"多认少写"，不再要求"四会"。

二是更加重视写字与书法的学习。针对目前计算机普及之后，学生写字能力普遍下降的现象，并依据小学阶段不同年龄学生语言发展特点和小学语文识字、写字教学情况做了适当调整，低、中年级适当减少写字量，高年级相应增加写字量。强调"正确的写字习惯"，强调书写的规范和质量。明确要求"在小学，每天语文课都要求安排随堂练习，天天练字"。

三是倡导多读多写，日积月累。新课标将"语文又是母语教育课程"变为"语文课程是学生学习运用祖国语言文字的课程"，将"更多地直接接触语文材料"修订为"多读多写，日积月累"。多读多写是需要诸多条件的！让全体学生多读多写，对学校的资源配置要求很高，对教师的教学素养要求很高，对家长也有明确的要求。试想一下，如果学校、班级、家庭没有更多的书，学生怎么读？一套小学六年制语文教材，只有340篇课文、3000多个生字。当我们穿过凝重的历史走廊，面对五彩缤纷的世界，传授给孩子的难道仅仅是这些单薄的知识，或者说这就是我们给予孩子的全部？显然，仅仅靠一套教科书，是无法使我们的孩子满足学习需求的。让阅读成为我们的生活必需，凝聚着人类文化精神的读物都应进入我们的视野，这样我们才能成为人类文明之火的传薪者。历年来，语文教学都习惯指导学生反复操练读题答题技巧，做了大量的题，可是书没有读多少，积累不足，语感不强，语文教学成了"无米之炊"。所以，新课标特别写上这样一句："培养学生广泛的阅读兴趣，扩大阅读面，增加阅读量，提倡少做题，多读书，好读书，读好书，读整本的书。"

四是写作要求。现在作文教学那种完全面向考试的做法不但助长"假大空"的文风，助长了文艺腔，是变了味的"八股文"，对学生的人格成长也有很强的负面作用。新课标强调要倡导生活写实，倡导"我手写我心"，引导鼓励学生自由表达和有创意的表达，写真话、实话、心里话，不说假话、空话、套话。强调教学上客观地运用语言评价，对有新意的表达多加鼓励，能写通顺、清晰的文字尤为重要。

五是生本理念得到进一步强化。以前言改动为例，"面对社会发展的需要"改为"为适应和满足社会进步与自身发展的需要"，改动特别加上"适应"和"学生自身发展"，新课标更注重个体生命的发展，强调个体的不断成长，而不是仅仅强调个体服务于社会，可谓与时俱进。

三、与新课标同行

在我们的课堂里，该如何来诠释新课标呢？我曾就《白杨》一课教学进行过认真的思考。说到新课标的运用，我们可以用一个字来概括——变。即旧变新，繁变简，呆板变灵活，"填鸭式"变"启发式"。

（一）课堂模式的"变"——人性化

新课标是这样要求的："学生是学习和发展的主体"，在整个教学过程中，怎么避免广泛存在且泛滥成灾的"填鸭式教育"呢？那就是老师要学会让出时间，把宝贵的时间让给学生不断质疑，不断释疑。这就是新课标指导下人文性发挥到极致的展示。最突出的一点就是课堂角色的转变。所谓"课堂角色的转变"，其实说到底就是学生成了课堂的主人。"多方互动重引导"。纵观我们整堂课，如果教师直接传授的内容凝练简洁，则这部分内容起到的更多的是一种纽带、桥梁的作用，那么师生互动、生生互动的场面就随处可见。《白杨》一课中，多个关键的问题都是由学生自主提出，而后由其他多名同学各抒己见来进行解答的。例如，"我不明白爸爸明明是在说树，干吗用'坚强''不软弱''不动摇'这些写人的词呢？""爸爸为什么又陷入沉思，他在想什么？""爸爸的嘴角为什么浮起微笑？"。这些问题充分体现了学生的课堂主人翁精神，提高了学生自主学习的能力。当然，教师的适时点拨在这里也发挥了重要作用，整堂课就是在教师润物无声的衔接中走向成功的。

（二）阅读方法的"变"——多元化

新课标提出："逐步培养学生探究性阅读和创造性阅读的能力，提倡多角度的、有创意的阅读，利用阅读期待、阅读反思和批判等环节，拓展思维空间，提高阅读质量。"所以，"学生独特的感受、体验和理解"是阅读课的追

求之一，而《白杨》这一课要出色地完成这个教学重点，我认为必须做好以下两点：

1. 各式阅读齐争鸣

整堂课指导同学们分别使用了"略读""精读""自读""范读""自由读""反复读""熟读背诵"等多种阅读方式，让学生在读的过程中体会到课文深层的含义，如在学习"高大挺秀"这个词时，就用了"反复读"这一阅读方式，不仅让学生领会其深层含义，也为后面分析扎根新疆的建设者的精神做好了铺垫。

2. 阅读方法巧传授

在教学过程中，教师如果能尊重学生阅读的独特体验，并适时引导学生总结出好的阅读方法，这点是非常重要的。例如，在课堂上，教师有三次与学生"分享心得"，非常自然地带出"抓住重点词阅读""联系上下文阅读"和"反复思考阅读"这三种阅读方式的好处。还可以在课堂结束时，对阅读方法及时复习，强化记忆。

（三）训练设计的"变"——全面化

新课标提出："语文教学要注重语言的积累、感悟和运用，注重基本技能的训练，给学生打下扎实的语文基础。同时要注重开发学生的创造潜能，促进学生持续发展。"

在本课教学中，教师可以为学生提供大量的机会、时间和多样的形式去训练。例如，在语言积累方面有填空和背诵段落，在对语言感悟方面有总结和概括。

针对五年级学生的已有知识和已经学过的语言技能，同时还可以增设造段训练和口语交际训练这两个教学环节。造段是承句启篇的重要训练形式。本文中"哪儿……哪儿""不管……不管……总是"这两组关联词就可以进行造段训练。为了降低难度，适应课堂教学节奏，还可以出示时下的新闻素材帮助学生突破训练难点——"在汶川，志愿者们为灾民搭建帐篷；在北川，志愿者们为灾民分发食物；在成都，志愿者们在为灾民筹备物资。（哪儿……哪儿）道路毁了，志愿者们的车依然在前进；余震来了，志愿者们的脚步没有停歇；

困了、累了，志愿者们忘我工作、不离不弃。（不管……不管……总是）"学生根据以上两组材料，用关联词造段。因为引导得法，学生就说出了这样的语段——

"哪儿需要志愿者，他们就在哪儿忙碌。不管道路是否被毁，不管余震是否来临，他们总是忘我工作，不离不弃。"

同时，还可以通过以"北京奥运会"为内容的造段作业来巩固学生的语言运用技能。这样做，学生才会进入意境，进入角色，承担有实际意义的语言训练，获得真切的感受，而且可以积累口语交际经验，培养语言的实际运用能力。同时这一教学环节也激发了学生丰富的想象力，学生联系课文内容，展开想象，既加深了对课文内容的理解，也受到了生动活泼的思想教育，课堂教学效果得到了优化，实现了语文工具性与人文性的有机统一，让"工具性"从静态走向动态，推动语文课改的美丽转身。

综上所述，课标离我们并不遥远，当你潜下心来，静静地想一想，你会发现，它就在你的课堂里，从未走远！让我们与课标同行！

作文教学的"好声音"

一、关注体验：作文学习的一个背景

　　苏联著名教育家苏霍姆林斯基在分析自己听过的一堂课时曾冥思苦想：为什么学生的回答如此平淡、乏味，毫无表现力？为什么儿童的话语里没有他自己的活生生的思想？后来，他发现，学生们使用的许多词和词组，在他们的意识里并没有鲜明的表象，以及同周围世界的事物和现象发生联系。于是他开始带孩子们到大自然中去，到社会中去，跟孩子们一道琢磨用词语表达事物和现象的细微差别。他把这种上课的方式称为到生动思想的源头去旅游。渐渐地，孩子们的思想变得越来越清晰、丰富、含有深意，语言因为有了感情色彩，而变得活泼生动起来。

　　的确，传统语文教育，始终围绕着课本下力气，始终在课堂的小天地里打转转。实际上，语文与社会生活息息相关，语文是人生体验的浓缩，"语文的外延与生活的外延相等"，脱离了丰富多彩的生活，学生不可能形成丰厚的语文素养。鉴于此，《语文课程标准》大力倡导开展形式多样的"体验活动"。

　　体验，使现实世界和文本世界得以沟通；体验，使文体在孩子的内心成为鲜活的形象；体验，使现实世界在孩子笔下成为富于个性的习作。

　　我曾在一个教育QQ群中，看到一位"小学作文教学专家"提出过这样一个问题："我们在指导小学生作文时常说，你们要认真观察，留心观察，善于观察。如果学生反问一句：老师，什么是观察？什么是留心观察？什么是善于观察？作为老师的你，作为老师的我，会怎么回答呢？"

这个问题包罗万象，相信语文老师也不一定能马上回答，果然，这位专家接着说："我从北方到南方，在中国地图上绕了个'C'，调查了几千名学生和老师，几乎很少有人能很好地回答这个问题。这就是中国小学作文目前最大的问题之一。"随后，这位专家得出结论："所以谈语文的研究、作文的研究，不应该是泛泛地谈，而应抓住'核心问题'去求解，实事求是地解决问题。以问题求解为研究的切入和归宿。"我赞成"以问题求解为研究的切入和归宿"，却不能认同回答不了"什么是观察""什么是善于观察"是"中国小学作文目前最大的问题之一"。个人以为，这位专家提出的是一个伪命题。

再来看《把盐化在汤里》这则小案例。

有一天等地铁，身边一对父子正在开心地聊着天，听话语他们应该和我一样也是外地人，孩子刚上一年级或者二年级，是第一次坐地铁。

父亲蹲在孩子身边，对孩子说："我们现在是在积水潭站，你看，左右两边是洞口，现在你只能看，不能问，然后告诉爸爸一会儿车会从哪个洞口过来。"

孩子想了想，用手一指："那边！"

父亲继续微笑着问："为什么是那边？"

孩子开心地笑了起来："我猜的！"

父亲指了指对面，对孩子说："你仔细看看，这上面有提示的。"

孩子看着墙面，不解地问："上面只有广告啊？"

父亲依然微笑着："除了广告，没有其他的了？"

孩子继续看着墙面。"我知道了！"孩子突然惊喜地叫了起来，"广告的上面有地名，还有箭头，箭头应该表示车往哪个方向开。我刚才蒙对了，哈哈！"

父亲把食指放在嘴上，做"嘘"状，示意孩子轻声一点，然后拍拍孩子的后脑勺，露出赞许的神态。

我以为他会换个话题了，没想到，这位父亲继续问孩子："你应该还能找到别的证据证明你的判断，试一试？"

孩子马上又上下左右地仔细打量了一番，很快，发现了一侧洞口亮着的

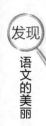

红灯。

……

对孩子来说，观察、用心、仔细、认真、礼貌、耐心等词汇都过于抽象，不好理解。就像一粒一粒的盐，直接放进嘴里，只会觉得太咸，甚至咸得有点苦。只有把盐化入汤中，才会觉得味美，才能在不知不觉中吸收，而不是马上就吐出来。那位父亲就是一位善于把盐化入汤中的高手！他没有告诉孩子"什么是观察""什么是善于观察"，可是通过一个简单的游戏，孩子不就在认真观察、细心判断和精心推理了吗？生活的体验有无数，那不都是写作的好素材吗？

二、唤醒体验：作文学习的一种资源

《语文课程标准》指出：语文教师应高度重视课程资源的开发利用。包括学生自行进行的主题活动，如演讲、办学习报、主题队会、班会、辩论赛等；或者是学生从生活中所选择的语文或与语文专题学习活动，如当小记者去实地进行各类采访活动等。这些活动都是以语文学科为依托的综合课程。

作文学习并不是一种具体的学习方法，而是与学科课程、活动课程并列的一门独立的课程，作文八股极大地挫伤了学生习作的兴趣和自信心。关注写作兴趣是与降低难度一脉相承的。课程标准从没有采用指导学生"按一定顺序观察""有顺序地比较细致地观察""有顺序有重点地观察"的字眼儿，而是用"留心观察""乐于运用""愿意与他人分享""不拘形式""自己觉得新奇有趣""养成留心观察周围事物的习惯，有意识地丰富自己的见闻，珍视个人的独特去感受"的文字。这一切的实现，无不建立在学生对习作有兴趣的基础之上，所以，"重在培养学生的写作兴趣和自信心，减少对学生写作的束缚，鼓励自由表达和有创意的表达，保护和培养学生写作的兴趣和自信心"是广大语文教师当前很重要的任务，有感而发才是真作文。

现今，多元的社会生活为学生构建了开放的写作环境，提供多渠道、多层面的学习实践机会。例如，按内容分，有学生自主进行的主题活动，演讲、办刊、主题队班会、辩论、参观访问、军训、社会调查；按活动范围分，有校园活动、家庭活动、社区活动等；按活动成果分，可分为文学类、口语类、图表类、实物类等。这些素材的立体架构，改变了过去单纯依赖教师传授知识的弊端，为培养具有开放的视野、全面的素养和较强的实践能力的未来人才打下良好的基础。

三、强化体验：作文学习的一条通途

我们都知道，语文学习的过程是伴随着强烈的体验的。阅读时，读者将文字转换为意义，在头脑产生鲜活的表象；作文时，又将平时最有触动的体验用文字记录下来。而语文教学的过程，无疑是将这些体验加以细腻化、精致化的过程。强化了体验，就提高了学生对祖国语言文字的敏感性，也就是说，强化体验，可以使学生与文本的互动质量更高，学生对文本的感悟更深。同时，新课程重视了语文课程的综合性，突出了跨学科领域的综合学习，就使得学生的学习更具有拓展性和延伸性，范围更宽广，思维更加开阔。这就迫使我们教师应致力于教学方式的改革，倡导自主、合作、探究的学习方式。合作精神是首先要培养的，这一点无论从人类社会发展的必然要求和语文学习本身来说，都是必不可少的。在实施作文教学的时候，我们要摒弃以往那种以教师为主体的传统做法，放手让学生自己去选择学习的主题、范围、策略和方式，培养学生自己策划、组织、协调和实施的能力。学生的潜能是巨大的，可塑性也是很强的，学生的学习积极性一旦被调动起来，他们在作文学习方面是大有可为的。为了参加惠州市小论文比赛的活动，在教师的指导下，我班的学生策划了几个语文学习主题活动就说明了这一点。

1. 激发兴趣，开展调查活动

集思广益，拟定调查课题调查方案。

调查课题表：

组　号	课　题
第一组	惠州市住宅小区调查报告
第二组	城区小学学生饮食习惯调查报告
第三组	惠州城市景观调查报告

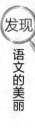

组　号	课　题
第四组	电脑的产生与发展调查报告
第五组	惠州生态变化调查报告

老师提出成果要求：①每组完成一份调查记录表；②每组完成一篇调查报告。

学生进行分组调查，对同一课题感兴趣的同学组合成调查小组，明确分工。他们将用一周时间完成调查，然后再用一周时间完成调查报告和成果展示的准备工作。

调查表：

调查对象	
调查目的	
调查过程	
调查结果	
调查中印象最深的事	
调查感想	

2. 初步反馈，指导成果展示

交流调查情况，各组组长简要汇报调查对象、目的、过程、结果等，组员补充谈调查中自己印象最深的事及感想，教师进行简评。

汇总意见，形成总的报告，并能针对所调查的情况提出建设性的建议。

师生总结学习情况，重点关注调查研究过程和方法的得失。

在这次比赛活动中，《城区小学学生饮食习惯调查报告》荣获区级一等奖；《惠州生态变化调查报告》《惠州城市景观调查报告》荣获区级二等奖；《电脑的产生与发展调查报告》荣获区级三等奖。

综上所述，在这一次学习活动中，学生自始至终都是学习的主人。他们自主，尽管他们发现离开了老师和家长的帮助，困难重重；他们合作，尽管有一些磕磕碰碰，不时发生争执；他们探究，在探究中发现自己懂得了许多……正是在这种真实的社会环境中，他们学会了合作，增长了社会知识，提高了语文素养。这正是强化体验学习的优势所在，语文学习因亲身体验而精彩。这些走出课堂的孩子们，当他们自觉地使用语言文字去完成自己的调查报告时，当他们在做调查的过程中真切地感受到自身与周围环境的关系时，当他们体会到一种从未有过的责任感时，语文便实现了工具性和人文性的完美统一。

"作文难，作文难，作文课上不开颜。"作文教学是语文教学中的老大难，已经成为制约语文教育改革的瓶颈。《语文课程标准》的颁布犹如灿烂的阳光照亮了作文教学的漫漫长途，让作文走进生活，让孩子们放开手脚，开放思维，让孩子们自由表达，真实表达，鲜活表达……

有些知识，会用就好。让我们走进课程改革背景下的作文教学课堂，欣赏孩子们鲜活的表达，感受孩子们生命的创造！

让识字教学动起来

一、激活兴趣促学习

教师应该致力于营造一种民主、宽容、和谐的教学氛围，激活学生的学习热情，促使其主动参与识字教学。美国著名心理学家罗杰斯强调，在教学过程中，只有让学生处在一种无拘无束、自由畅达的空间，他们才会尽情地"自由参与"和"个性表达"，这就需要在课堂上建立民主、宽容、和谐的教学氛围。因此，在平时，我注重多与学生沟通交流，了解他们的所思所想，给予他们师爱关怀，用亲切和蔼来消除他们对老师的陌生感和敬畏感；在教学中，我注重多设计开放性环节，创设生动有趣的情境，为学生提供思维的素材、空间，让学生的思维尽情奔放，使学生的个性、特长顺利发展，如让学生说说自己从哪儿已经学会了什么字，有什么好办法记住哪个字，学生可自选生字汇报等，学习的自主权大了，利于学生自我表现，让每个学生在参与中体验收获成功；在课堂上，我鼓励学生大胆质疑，允许他们有不同的意见。在这种民主和谐的氛围中，师生双方以对话、包容、平等的关系相处，这样学生感到心情舒畅，学习积极主动，求知欲旺盛，思维也就非常活跃、流畅；学生个体能做到敢想、敢问、敢说、敢做，学生群体就有了"跃跃欲试""各抒己见"的热烈气氛。在这种氛围中，学生的求异思维、创新意识被激活，创新的见解就源源不断地涌现出来。

二、以生为本展个性

课堂应以学生为主体，在识字教学中突出学生的主体地位。小学生有一个显著的心理特点，他们的表现欲很强，喜欢引起别人注意，喜欢受到别人的肯定和夸奖。因此，在课堂上，我精心营造各种机会给他们表现，常进行"小老师""好搭档""找朋友""结对子"等教学互动活动，让他们多看、多听、多想、多说、多做，充分调动他们的积极性，使他们能自主学习和高效学习。例如，识字课一开始，我即要求学生找出课文的生字，把不认识的生字标上记号，自己看着拼音尝试读准字音，不会的可请教同学、"小老师"，然后进行小组比赛，看哪个小组的同学识字最快。正音的过程也放手交给学生，让"小老师"去帮助同学们读准字音。从一开始认读字音的过程，我就把学生推到自主识音的前台；认清字形的过程，我仍然把学习的主动权交给学生，比如，提出问题："你有什么好办法记住哪个字？"学生各尽所能，想出了许多有效识记字形的好方法，如字谜法、换部首、拆部件、数笔画、图画法等。让学生自己想办法记住字形，充分调动了学生学习的积极性和创造性；在正确书写生字的过程，我先让学生认真观察田字格里的范字，对此提出一些问题："请你说一说怎么写才漂亮？""请小老师来示范写一写并说一说写这个字时要注意什么问题？""你觉得这个字哪一笔最难写？"……许多学生都跃跃欲试、小手高举争发言争展示。活泼可爱、生动精彩的即兴表现霎时激活了课堂气氛，激发了学生的学习热情，提升了识字教学的正能量。在了解字义的过程，我巧妙构思，把各种教学方法进行有机结合，充分发挥教师的主导作用，以学生为主体，大胆尝试，让学生找出自己不理解的字，然后请班上的识字小能手来帮助解答，让学生自求自解。力求识字教学由简到繁、由易到难、深入浅出、通俗易懂。总而言之，在识字教学的每一个环节，我都注意把学习的主动权交还给学生，让学生做课堂的"明星""主角"，而我则处于"导演"或"配角"的地位，对学生的问题、答案略加引导、归纳、引申和小结，这样既调动了学生主动、能动学习新知的热情和能力，又给学生提供了多元广阔、交流展示的舞台。

三、合作探究求创新

在课堂上多采取合作探究式学习，激发学生的创造思维。俗语说："三

个臭皮匠，顶个诸葛亮"，学生在团队合作学习中能释放出巨大的能量，我们要善于发现挖掘学生的潜能，引导、激发学生的"小宇宙"。充分利用好四人学习小组这个有效平台，在课堂上大力开展学生间的合作交流活动，如同桌讨论、小组交流等。学生都有一颗争强好胜、渴望成功的心，在合作学习的过程中，他们都不甘落后，必将竭尽全力表现出团队最佳的激情和斗志，这是个体学习所达不到的。同时，学生个体之间能够互补互帮、取长补短、齐心协力、勇创佳绩。这样往往能发挥最佳的群体效应，达到个体所无法达到的学习目标。

四、优化手段谋高效

巧用多媒体教学，增加学习的趣味性。兴趣是求知的先导，它作为一种个性心理特征，在认知过程中，具有积极的促进作用。从小学生生理心理特征来看，低年级学生年龄小，注意力集中时间短，对长时间枯燥乏味的识字教学缺乏兴趣。而在教学中运用多媒体课件，正好克服、弥补了传统教学形式单一的弊端，它色彩鲜艳，形式多样，很能吸引学生的注意力，增加课堂教学的直观性、趣味性。例如，在识字教学中，以往认读生字是老师拿字卡让学生读，而利用电脑课件，可设计出多种有趣的游戏，如"摘苹果""捉迷藏""闯迷宫"等，利用闪烁的图形、变换的色彩和跃动的画面，一下子就吸引了学生的目光。同音字、形近字的辨析，利用电脑动画效果，更能加深学生的印象和理解。所以，在识字教学中利用多媒体课件，可以变抽象为具体，变枯燥为新奇，变呆板为活泼，使学生的学习变被动为主动，从而激起学生浓厚的学习兴趣，使学生的注意力高度集中，因思维活跃而深刻记忆。

五、寓教于乐巧识字

在教学中多设计游戏活动，为学生创设愉快的学习氛围。低年级学生好动，特别喜欢做游戏。所以，在识字教学中，我根据学生这一心理特点，适时地有选择地运用各种游戏，为学生创设愉快的学习氛围，把原本单调、枯燥的知识与有趣的游戏活动相结合。例如，在教学生字时，我进行了"开火车""猜字谜""找朋友"等游戏；在复习巩固生字时，进行了"叫号""送信""添砖加瓦""你追我赶""找朋友""最佳拍档"等游戏，寓教于乐，乐中施教，让学生在动中练，在玩中学。

六、多元训练齐提高

练习形式灵活新颖，激发学生识记的兴趣。儿童识字量的积累需要多次重复，强化记忆，这个过程虽不复杂，但往往枯燥无味。例如，以往的识字巩固练习，老师叫学生反复机械性抄写生字，结果令学生感到厌烦，产生学习的逆反心理。因此，我们要注意结合儿童的心理特点，以灵活新颖的形式，激发学生识记的兴趣。在练习形式上，我除了让学生抄写、听写字词外，还引导学生抓住某些汉字的字形特点，进行联想，学着编字谜、编儿歌、编故事，给生字配图画等；在课余，我还通过举办"识字大王""读书大王""小小书法家""写作小能手""童话大王"等竞赛活动，提高生字的复现率，让学生在口头或书面反复运用所学的字词来达到强化识记的效果，这样既能帮助儿童记住字形，理解字义，又能培养儿童的口语表达、想象能力和创新意识。同时，给学生创造体验成功的机会，使他们在成功中找到了自信，在赏识中学会了奋发，给识字注入了新的活力。

综上所述，在识字教学中，应把学习的主动权交给学生，巧用游戏、电教等多元手段创设最佳的教学情境，唤醒学生的兴趣，点燃学习的激情，让识字教学变得生动活泼，多元有趣！让识字教学动起来！

儿童诗歌教学的理念及教法探讨

——以《太阳是大家的》为例

《太阳是大家的》是一首充满和平意味的儿童诗歌，是新课标人教版第六册的教学内容，这首诗歌想象丰富、文字优美、意境深远，学生非常喜欢。在教学过程中，要想让学生深入理解诗歌的深层含义及语言魅力，需要教师的有效引导。

一、儿童诗歌教学要把握好几个原则

1. 积累原则

儿童诗歌知识的获得和由此生成的情感、品质不是靠一首诗、一堂课能解决的，它需要长期培育，既包括学生的多记、多诵，也包括教师的反复讲解、反复熏染，要在教学中贯穿循序渐进的教学思想，由浅入深，由易到难，注重积累。教师为学生制订切实可行的诗歌学习计划和一套行之有效的训练方法尤为重要。

2. 简化原则

儿童诗歌教学应充分考虑他们的知识储备及思维、表达能力等客观因素，结合实际情况，在尽量保持诗歌原有形式和内涵的基础上，增加直观性和趣味性，贴近儿童生活，不能以教成人化的解读方式来组织。

3. 体验原则

小学教材的诗歌作品大都以陶冶学生情操、培养学生品质的题材为主，在教学时，要侧重对诗歌形象性的感知，必要时可借助多媒体手段，帮助儿童建立语言文字和直观形象事物之间的联系，进而建立诗歌的情感和个人的情感之间的联系，使学生进一步理解诗歌意境。

4. 发展原则

语文教育和人的发展具有密切的关系。诗歌是母语体系集大成者，儿童诗歌教学对于学生语文素养的提升、文化历史的传承和审美情趣的陶冶有着重要的作用。在教学中要始终贯穿"知行"统一，通过诗歌的背景介绍、情感体悟，使学生感知历史文化的脉搏，感受美好、高尚的情操。

二、儿童诗歌教学的教法分析

1. 把握好情感表达线

教师要善于在文本中解读出承载的情和义，让身心沉浸在情感的滋润中，这样才能把握教学目标，扣住情感线，去抒情，去感染学生，让课堂魅力无穷。例如，《太阳是大家的》一诗主题是"地球友爱、世界友爱"，结合画面和诗歌内容，教学的意旨在于通过诗歌品读，让学生懂得地球是人类的共同家园。世界各地的人虽然肤色不同、语言不同，但是大家有一个共同的愿望，那就是让世界充满爱，让人间充满信任。细细品读诗歌，发现诗中的"美"是一个双向互动的题眼，"美"字既诠释了主题"爱与信任"，又是四节诗歌语言包含的情感原点。就第一节诗歌来说，"从东山上升起的太阳，到西山上就要落下"这句诗，揭示了"美"的内涵。这样的解读，能引导学生在课堂讨论中找出一个原点，拉出一条线，画成一个圆，形成一种圆形的立体多维结构，使课堂增强亲和力和吸引力。

2. 把握好朗读技巧，读出情味

教师要把握好朗读的情感基调、节奏及重音，声情并茂地读出诗文的情和意，表达自己的情感，促进感悟的内化与升华，给予学生尝试的空间与时间，畅所欲言地交流自己的体悟，在互动评价中掌握情感的基调，最后进入意境，身心融入而忘情地读。例如，在教《太阳是大家的》最后一句："我知道，此时，那里的小朋友和鲜花，正在睡梦中等她，盼她……"是总结句，从

语调来说，应当高亢点，节奏稍微紧凑些，语速稍快，特别是"我知道"和"此时"应读出重音，但"等她"和"盼她"应重音轻读；师生共读、教师引读、同桌互读等形式多样的朗读，能够使语言训练的目的更加突出，逻辑关系更加密切，感情色彩更加鲜明，从而把情感推向高潮。

3. 运用好互动教学路径

教师要做到胸有成竹，探索运用师生互动、有滋有味的简单教路。由于儿童的认知水平和生理、心理特征有别于成人，他们尚处于启蒙阶段，因此，课堂教学必须高度关注童心和童趣。一般而言，教师要依据学生的实际、教材特点和知识能力点，采取突出要点及突破重难点的方法和领悟情感的方式，从而悟出诗歌味儿来。教学过程要简单，感悟方式与方法要明了、易于感悟，并且能运用操作。这样，教师才能灵活驾驭课堂，放飞学生的个性，让课堂充满生机活力。例如，《太阳是大家的》教学重点是引导学生朗读、背诵诗歌；难点是理解诗歌的含义，体会表达的情感。根据诗歌的内容、画面及课后思考交流题，引导学生思考：

（1）查找资料：人们是怎样表达对太阳的热爱的？

（2）揭示课题：教师引导学生观察画面畅所欲言，从而揭示单元主题——地球友爱，心中有爱。结合预习，理解"太阳是大家的"，作为探究的问题。

（3）整体感知：了解诗歌从哪些方面记叙了太阳是大家的。

（4）品味重点词句：探寻"诗美"，悟出"诗情"，总结感悟方法。

（5）感情朗读，重在过程：自读感悟—交流评价—指导促进—创设情境—交流品读。这样的导向，围绕着情感线，扣住重点词句，感悟中将文脉的思想和赏析品味相结合，达到了三维目标的整合。同时，将诗歌的语言与情感注入学生心中。

4. 联系实际，学以致用

教师在教学中要引导学生注意诗源于生活，是诗人对生活的感悟，注意诗人借助诗歌运用联想、想象、比喻、排比等手法来表达自已独特的情感和生活体验，品出诗歌的韵味，逐渐走进诗文意境场景，走进角色，与人物共鸣，与作者交心，享受人文陶冶与情感震撼。例如，《太阳是大家的》第二节诗歌："一天中太阳做了多少好事：她把金光往鲜花上洒，她把小树往高处拔，她陪着小朋友在海边戏水，看他们扬起欢乐的浪花……"感悟太阳做的"好事"，围绕"好事"进行体悟：①联系生活实际，理解"太阳做的好事"指的是大家生活在同一个地球上，享受着阳光的温暖。②走进意境，体悟平等与尊重。③走进角色，结合插图，感悟同一蓝天下各国儿童一起游玩的快乐与幸福。这样的品悟，深入浅出，引导学生用视野去发现美，用心灵去体悟美，诗味——语言所传递的情深深印在了心中。

三、儿童诗歌教学的写法指导

1. 走进生活，启发丰富联想

在熟悉课文诗歌的基础上，老师可以向学生推荐一首优秀儿童诗《有太阳真好》：

有太阳真好 \ 小苗会长高 \ 桃树会开花 \ 人格外有精神 \ 有太阳小鸟会唱歌 \ 有太阳地球就有颜色 \ 有太阳水可以变热 \ 有太阳妈妈洗的衣服就晒干了

通过声情并茂的朗读把学生带入诗歌浓浓的意境中，学生再模仿诗中句式进行口语训练，一首首充满童趣的小诗就产生了：

——惠琳同学说：有太阳真好 \ 有太阳我很快乐 \ 有太阳的早上起来很轻松

——志荐同学说：有太阳真好 \ 有太阳草儿、花儿很灿烂 \ 有太阳小鸟叽叽喳喳唱歌

——俊霆同学说：有太阳真好 \ 有太阳就有春天 \ 春天我们可以放风筝

教学实践告诉我们，童年是形象思维发展的最佳时期，爱想象是儿童的天性，儿童诗的教学可以极大地丰富孩子的想象力，培养孩子敏锐的观察力和创造力。诗情画意的教学情境让人感叹：不是学生不会发现美，关键是老师要善于擦亮学生的眼睛。孩子是天然的诗人，如果老师能给孩子一粒种子，相信孩子们会给我们带来整个春天。

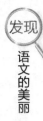

2. 走进意境，寻找生活载体

但是，我们也应清醒地认识到，要想让孩子们真正学会写诗，仅仅会模仿、会联想还是不够的，还必须让孩子们从五彩斑斓的生活花园里采撷诗的花朵。对于很多事物，大部分学生并没有经过细致的观察和切身的体验，写出来的文字往往枯燥乏味，没有生活的气息。因此，学习诗歌，不论是课堂教学，还是诗作指导，都要以学生独特的生活感受为载体，学科活动、体育活动、文娱活动、快乐的童年生活……往往是儿童诗教学的最好契机，带孩子们到大自然中去感受、去体验、去寻找灵感，在孩子们激情涌动的时候，把自己独特的感受记录下来；还可以利用校园和教室一切有效空间，尽可能多地展示孩子们的诗作，激发孩子们创作儿童诗的热情。

教学实践证明，诗歌是拨动儿童心灵的琴弦，诗教活动给孩子们带来了无尽的激情和欢乐，而给老师们带来的是感叹和惊喜。教师应为儿童完整地欣赏诗歌、创作诗歌创造各种有利条件，包括充足的欣赏时间、宽松的理解氛围，尽可能地让儿童身临其境，采用有效的教学方法与策略等。这样才能真正组织好诗歌的教学活动，让儿童诗歌充分发挥其价值功能——让每一个孩子爱读诗，爱作诗，让孩子们的想象力在广阔的空间里自由地飞翔。

📖 **参考文献**

［1］刘文锋.浅谈小学语文诗歌教学［J］.素质教育论坛.2010（1）.

［2］陈军.谈"诗一般"的小学诗歌教学［J］.教学天地.2010（8）.

［3］叶枫.《太阳是大家的》教学谈［J］.小学教学研究.2009（10）.

［4］陈艳.小学语文教学的有效性探索——以诗歌教学为例［J］.陕西师范大学继续教育学报.2006（21）.

儿童诗，让语文学习如此温暖

一、儿童诗可以如此温暖

什么是儿童诗？儿童诗是指适合儿童欣赏阅读的诗歌作品，它既可以是成人写的，也可以是孩子自己写的。儿童诗比较雅致，具有音乐美感，因为孩子天生就有对韵律和节奏的追求。儿童诗中丰富的想象，想象要奇特、新颖、有创意，才能吸引儿童。两件看似不相关的事物，往往因为想象而造成传神的诗意，也常因此而激发儿童的想象。

例如，人教版六年级上册第六单元的诗歌《爸爸的鼾声》：

就像是山上的小火车／它使我想起／美丽的森林／爸爸的鼾声／总是断断续续的／使我担心火车会出了轨／咦？／爸爸的鼾声停了／是不是火车到站了？

儿童诗还要表现儿童的想象世界，从孩子的心灵出发，再来欣赏台湾作家写的儿童诗《鞋》：

我回家把鞋脱下／姐姐回家把鞋脱下／哥哥爸爸回家／也都把鞋脱下／大大小小的鞋／是一家人／依偎在一起／说着一天的见闻／大大小小的鞋／就像大大小小的船／回到安静的港湾／享受家的温暖

在实际教学中，我发现学生们特别喜欢儿童诗，孩子就是天生的诗人，原来他们丰富的想象力，能让语文学习变得如此温暖。《肖申克的救赎》里有句名言：有些鸟儿是永远关不住的，因为它们的每一片羽翼，都沾满了自由的光辉。同理，即使是年幼的孩子，他们也拥有诗歌创作的能力，看到什么就说什么写些什么。我们来看看，雨轩同学写的惠州的《红花湖》多美！

红花湖，湖真大，

绿道绕着环湖跑。

花儿多，树木茂，

风儿花间采蜜忙。

山清秀，水更净，

天然氧吧空气好。

骑车道，脚儿踩，

文明锻炼身体好。

二、儿童诗可以如此生成

中国诗歌历史悠久，从《诗经》《楚辞》到唐诗、宋词、元曲，诗歌一直是中国文化的核心精髓，也是中国人文生活的坚实基础。

孔子说："不学《诗》，无以言。"不是说没读过《诗经》就不会说话，而是说学习过，会有更好的表达能力。诗是语言的精粹，读诗学诗，进而有所得，在表达上会产生特殊的感染力。无论古诗还是现代诗，都需要一个相对有效的阅读浸润和培育的过程，所以说儿童诗的创作，可以通过不断的观察和思考，从孩童独特的视角和生活理解，让各种所见所闻所想插上语言的翅膀……有趣的儿童诗，是把看起来不可能的事物连接在一起，从而产生崭新的语言学习意义；儿童诗，是把距离遥远的词语巧妙运用，碰撞出新的词语质地，产生了新的隐喻。诗歌语言，或者说诗性语言，就像一把梯子，那么小学阶段的孩子通过不断的学习、积累，一旦拥有了语言的梯子，他们就插上了想象力的翅膀，可以飞去世界上很多足迹到不了的地方；诗歌的语言就如飞鸟，飞来飞去，把天空、白云、风、森林、河流、草地……所有他们认识的事物都可以信手拈来囊括进诗歌里。

花是不会飞的蝴蝶，

蝴蝶是会飞的花。

蝴蝶是会飞的花，

花是不会飞的蝴蝶。

花是蝴蝶，

蝴蝶是花。

有童心的孩子是错不了的，他们的观察是对的。谁说我们就是为了学一首诗而已呢？很简单，花和蝴蝶孩子都见过。看似简单，但这首诗是经典的，同时含有深刻的哲理。生活无处不诗歌。春节前城轨通车了，睿齐同学和妈妈去坐了一回，把自己的感受写成了诗歌《莞惠新干线》：

在宽敞明亮的候车厅，

来来往往的人们忙个不停。

坐上飞驰向前的城际车，

沿途风景道不尽啊！

看见了诗情画意的西湖水，

还看见了山清水秀的银瓶山。

美丽的惠州幢幢高楼拔地起，

山头上棵棵荔树挂着小灯笼。

我高兴地对妈妈说，

我越来越喜欢美丽的大惠州啦！

朱光潜先生曾说过："像一切其他艺术一样，诗要说的话都必定是新鲜的。但是世间哪里有许多新鲜话可说？诗的疆土是开发不尽的，因为宇宙生命时时刻刻在变动进展中，这种变动进展的过程中每一时每一境都是个别的、新鲜的、有趣的。"在朱老先生看来，生活中的"所见所闻所感"最重要。特别新鲜有趣的东西本来就在那里，平时并不容易感受到，因为习惯会蒙蔽我们的眼睛。而孩子和成人不同，他们恰恰有一双仿佛被清水洗过的眼睛，在孩子的视野里童年世界是多么的有趣和多样。这一切都是最天然的诗歌素材。2016年，学校的赖宇键同学得了重病，全校同学为他捐款，我们班上的廖想同学还写了一首诗送给他———《生命是一片蓝蓝的天》。

孩子都有一颗动情的心，每个孩子的心灵都是一首美丽的诗篇。课堂的任何瞬间，都有可能被文本中某种情思感怀所牵动，曾让学生"自主仿写"的这一教学环节落实了语言文字训练，给足学生畅所欲言的表现空间，使学生享

受"长期积累，偶然得之"倾吐的喜悦，呵护了孩子们纯洁无邪的诗心，使得他们的情感得以迸发，心灵得以碰撞，从而做到尊重学生的情性与个性，努力提高孩子的语言表达能力和创意思维能力。

三、儿童诗可以如此诵读

经过时间的筛选，流传下来的优秀诗歌已经成为超越民族、超越国界、超越时空的不朽经典，叩击着一代又一代人的心灵，我们总是能在丰富多彩的诗歌世界里进一步感受诗歌的魅力，寻觅属于我们的那份感动。

在诗歌的韵律中，我们的心确实能够沉静下来，因为诗歌，是节奏，是韵律，是超越日常语言的优美表达。儿童诗还有另外一个作用：拓展想象。一千个人，就有一千种对"两个黄鹂鸣翠柳"的理解和想象。现在的孩子多数爱读绘本，虽然视觉语言更适合孩子理解，但是具象化的画面没有办法给孩子们更多想象的机会。

朗读总是与文学和情感密不可分。儿童文学作家曹文轩说："通过朗读，人们可以通过声音世界过渡到文学世界。"梅子涵先生也说："老师（妈妈）朗读的声音是伴随着体温和深情走进孩子内心的。"所以，朗读从来就不仅仅是一种技术，它总是传递着温暖、情感和美好，把人们带向诗意的远方……一起来欣赏诗歌吧，一起诵读孩子们写的《美丽的拼图》：

今天我看见

今天我看见

两个月亮

一个新的

一个旧的

我很相信新月

可我猜它是旧的

美丽的拼图

每次听到您

下班回家的脚步

我心中的快乐

就像好不容易完成了一幅拼图

爸爸

我们这个家的拼图

很美丽很美丽

是一块也不能少的

……

晨读课或语文课上，我喜欢与孩子们一起浸润于书香，畅游在语文世界里。用文字温暖童心，用声音唤醒童真，生活因书香而幸福，生命因朗读而精彩。

读着，读着，会发现诗是有声有画的。每首诗都蕴含着作者美的灵感，而大声读，可以将这种美还原，在声情并茂中与作者的灵魂相伴，凝聚起精神力量，隔着时空与作者对话……

给孩子们读诗吧！和孩子们一起读诗吧！大声读他人的作品是学习的过程，大声读自己的作品实质是修改完善的过程。朗读儿童诗好处多，诵读和背诵还可以把情绪最广泛地调动起来。诗歌的音韵美、节奏美、气势美，只有在诵读中才能真正感受到；文字的起、承、转、合，也只有在诵读中才能深刻地体会到。

期望能经常与孩子们创作的美好诗篇相遇。儿童诗，让语文学习如此温暖！

📖 参考文献

［1］叶开.对抗语文——让孩子读到世界上优选的文字［M］.上海：复旦大学出版社，2015.

［2］窦桂梅."语文为王"的时代已悄然来临［J］.小学语文教育，2017.

［3］朱光潜.孩子要养成纯正的文学趣味，最好从读诗入手［J］.人民教育，2018.

快乐作文快乐成长

今夜，空气潮湿而温暖，桂花在窗前不分四季地开着，淡淡的香气环绕着我的书房。在灯下摊开稿纸，我微笑着写下这一标题：快乐作文快乐成长。

是的，作文似乎是个说不尽的话题。对许多孩子来说，作文与快乐无关，作文甚至约等于"头痛"。这样的孩子为数不少，大人们总是很急，他们往往不是板起面孔细数"作文ABC"，就是甜言蜜语、半是哄骗半是认真地说"作文其实是快乐的事"。可怜的孩子，当他们根本没有尝到快乐的滋味时，快乐对他们来说只相当于一张空头支票。

在作文课上，我们经常可以看到这样的情景：有的孩子双手托腮，紧皱眉头不愿写；有的大脑空空，无从下手不想写；有的置之不理，毫不在意不爱写；有的觉得平平淡淡，干干巴巴不好写……如何把孩子视为"苦差"的作文变成他们的"乐事"呢？在教学实践中，我建议尝试运用"快乐"原理，从兴趣入手，把说、读、玩、写有机相结合，以获取良好效果。具体做法如下："快乐地说""快乐地读""快乐地玩""快乐地写"，就是让孩子觉得开心！任何事情，乐意为之的，再苦也是乐！

一、快乐地说，在生活中快乐地积累

（一）生活中快乐地说

说是写的基础。"作文就是写语"即是如此，让孩子充分地说，使孩子一吐为快，快乐地说可以升华孩子的写作兴趣。

叶圣陶先生说："生活如泉源，文章如溪水，泉源丰富而不枯竭，溪水自然活泼地流个不歇。"丰富多彩的生活给低年级口语交际教学提供了活水之源，也为写话教学提供了丰富的题材。只要用心捕捉生活现象，不难发现说话写话的素材。为使孩子有话可说、有话可写，教师要用心引导孩子去观察周围的人和事，去捕捉生活中的小浪花，引导孩子用学过的知识和自己的认知能力参与其中，当孩子悟出他们热爱的生活每时每刻都有话可说、有话可写时，孩子便有源源不断的东西说出来、写出来：说自己看到的夏天美景；向老师讲述游玩欢乐谷、野生动物园的过程；向小伙伴介绍自己最喜欢的动画片；谈和爸爸一起看世界杯足球赛；看了喜欢的童话书有什么感想；向小朋友介绍自己知道的课外知识；说说和爸爸妈妈一起做家务；说出今天最高兴或不高兴的一件事……在这样的过程中，孩子既能发展口语交际能力，又能广开写作思路。

（二）课堂上快乐地说

在语文教学中，培养孩子的口头表达能力是十分重要的，有效地进行口头表达能力训练，能使听、说、读、写收到较好的效果。要不失时机地发展儿童语言，培养儿童表达能力必须从低年级开始，对低年级孩子首先要抓住课内插图和看图说话。课文的插图也可采取这种方法：提出问题，创设情境，启发动脑、动口，还要注意合理想象，这样既丰富了学习的语言，又提高了孩子的口头表达能力。有些孩子口头表达能力差，不会说图意或只能说简单的一两句，这样让他动笔写就更困难了。针对这一情况，宜采取激情引趣的方法，调动孩子发言的积极性。例如，"自我介绍"；班上新转来一个小朋友，大家怎样说欢迎辞，请准备一篇欢迎辞；"让我和你交朋友"；国庆节旅游归来，你看到了什么？想到了什么？说给大家听听好吗？今天是教师节，你想对老师说什么？请你为爸爸妈妈写几句悄悄话；搬新家了，能向小朋友介绍新家及周围环境吗？……另外，还可通过布置口语家庭作业，请家长配合，让孩子在家庭中进行口语交际训练的同时训练写话的能力。例如，"家里来客人时，你怎样招待他们呢？你能做些什么呢？"家长还要提醒孩子说话有礼貌，孩子在写话时也要注意这一点。看图讲故事，学习了《金色的房子》《三只蝴蝶》两个故事，要求孩子回家，把故事讲给爸爸妈妈听，再自己找一幅画，看图编故事，说给老师听。说话的内容从生活中来，真正起到了激发情趣的作用。

生活对于孩子来说是五彩缤纷的，孩子们的所见、所闻、所感、所思也是五彩纷呈的。在快乐作文中，引导孩子主动观察生活、感悟生活。让孩子用心灵去感受生活的馈赠，发掘生活中的真善美，积累情愫，建立起一个丰富的信息资料库，那么当孩子张口说话、举笔行文时就不用发愁了，并能从中学会做人，学会做事。成为一个热爱生活、编织生活的有品位的人，这也正体现了语文的外延与生活的外延相等的大语文观。

二、快乐地读，在阅读中快乐地借鉴

阅读"具有获取信息、积累知识、开发智力、培养能力、陶冶性情、塑造品格的价值"。苏联教育家苏霍姆林斯基亦早有定论："在小学里，独立阅读在学生的智力发展、道德发展和审美发展中起着特殊的作用。"孩子的心是最纯真的，孩子的求知欲是最旺盛的。他们需要童话、小说、诗歌、散文……需要许许多多文艺作品，孩子只读课内书本显然是不够的，一定要加强课外阅读，多读健康的、有意义的课外书报，从课外阅读中摄取营养。课外阅读可以使孩子开阔眼界、丰富知识，促进阅读及写作能力的提高。老师应给学生规定一定的课外阅读量，组织孩子们开展读书读报活动，并积极向孩子们推荐古今中外经典的、优秀的儿童读物。

在浩瀚的书海中，读哪些书呢？为了呵护孩子们阅读的热情，我认为给孩子推荐读物时，要把读物的趣味性摆在首位。提倡"无为"而读，读快乐的书。为孩子营造一种轻松的读书氛围。"教育是帮助一个孩子在未来的生活中更成功地建筑自己的幸福"，教育还在于让孩子在接受教育的过程中感到幸福与快乐。在儿童读物中，魅力经久不衰的恐怕要算童话、谜语和儿歌了，最受初读者欢迎。

对孩子们来说，童话是他们可以抵达的精神乐园。在那里，孩子作为自然之子通过童话的方式与自然融为一体。他们可以与自然对话，可以与动物交朋友，可以体会到真善美，对于孩子来说，读童话是文化启蒙的最好方式之一。世界文化大师们创造的真善美的意境，为孩子们心灵的成长提供了最佳空间，在最朴素的脑海中创造美好的图画，这就是童话的作用。童话产生的作用是不可衡量的，好比在一张空白的纸上，童话为孩子描绘下了五彩缤纷的图案，并借此让孩子明白了什么是真，什么是假，什么是善，什么是恶，什么是美，什么是丑；明白了坚强、勇敢和诚实的价值；明白了同情、珍惜和尊重的意义。近朱者赤，在真善美的熏陶下，孩子心灵的成长也必然自由而健康。法国女作家塞居尔夫人在她的童话作品《驴子回忆录》中写道："如果一头驴子会得到温柔的对待，它是决不会凶的。"是的，在童话的温柔抚慰中，我们的孩子应该是善良的、幸福的。想想孩子们听罢《卖火柴的小女孩》后掬起的同情之泪，老师、家长就会明白每一个童话故事和童话形象都会在潜移默化中影响我们的孩子。孩子将在这个美丽的虚拟童话世界里发现美，发现蕴藏在其中的很多道理。更重要的是，孩子可以从中放飞自我，获取无尽的想象空间，并陶醉其中……从而以自我的认识感知世界和判断事物。

儿歌是孩子接触最早的文学作品，孩子从儿歌里获得温馨的母爱，获得童年的欢乐，也获得了语言上的训练和培养，以及知识和伦理道德方面的启迪。人是从儿歌开始走进艺术之宫的。儿歌的语言，犹如百灵鸟的歌唱，天真、自然、活泼、轻快。阅读这样的文学作品，恰似清泉流进夏日的心窝，是一种莫大的精神享受。

谜语，短而又短，简而又简，寥寥一二十个字，以生动的形象、巧妙的比喻，描绘出事物的特征——孩子们眼中最为显著的特征，这不仅锻炼了孩子们联想、推理、归纳的思维能力，而且发展了他们艺术想象的能力。这种教育是在欢乐中进行的，并且在不知不觉中收到效果。阅读谜语，如同智慧树下捉迷藏，孩子们总是乐此不疲。

"兴趣是最好的教师"。放手让孩子们读自己喜欢读的书吧！用不着担心儿童读物的庸俗低级，在儿童读物中，书的思想倾向一向纯洁、健康！那么，我们该做些什么？答案只有一个，那就是指导孩子们进行广泛、有益的课外阅读，为孩子们导航，让孩子们在浩瀚的书海中遨游。

三、快乐地玩，在游戏中快乐地感悟

德国著名诗人歌德曾说："世界是那样的广阔丰富，生活是那样的丰富

多彩……我的全部诗都是应景即兴诗，来自现实生活中……"在这段话中，歌德明确指出了生活是写作的源泉。绚丽多彩的生活，各式各样的游戏，不也正是孩子们浓厚的兴趣所在吗？"过家家，捉迷藏，养小猫，跳飞机，打水仗，下象棋，学游泳，踢足球……"哪一件不是充满无限的情趣？小朋友年龄小，对他们而言，只有感兴趣的活动才会积极地、自觉地、快乐地去参与，才会有更为鲜明、深刻的情绪体验。充分调动孩子作文的自觉能动性，在快乐作文中可尝试运用兴趣的"迁移"规律，努力把孩子对生活的浓厚兴趣逐步迁移到观察、写作上来。注意创造条件使作文教学的内容更贴近学生感兴趣的生活，让作文训练回归生活，让孩子们写他们感兴趣、乐于写的作文。

苏联著名教育家赞可夫认为，孩子的心，是最敏感的一颗心，请给他们足够的飞翔的自由与空间。应该打开教室的窗户，让沸腾的社会生活、奇异的自然景象，映入孩子的眼帘脑海，借以丰富他们的感情经验，激发他们作文的欲望。多引导孩子参加课外活动，鼓励孩子走出课堂，走出学校，到大自然和社会中去实践。随时随地培养孩子观察大自然的兴趣与习惯。大自然是人生最美的课堂，大自然是孩子最好的老师，它以神奇的笔锋为孩子们创造了多彩美妙的世界，让孩子在大自然中快乐地玩吧！尽情地玩吧！大自然奥妙无穷，游戏丰富多彩，游戏中的每一点快乐、每一点感悟都可能成为最美的文章，老师、家长还可以组织各种有趣的活动，让孩子快乐地参与其中，如文体活动、游戏、实验、参观、观察、阅读等，不断地丰富孩子的生活，不断地丰富孩子的心灵，让孩子在充实的生活与快乐的心灵中捕捉精彩的瞬间。孩子有了体会和感受，也就有了写的欲望，当让孩子把所见、所闻、所感、所玩，尤其是最好玩的、最快乐的、印象最深的，不拘字数地说出来、写出来时，一切会是那么的自然、那么的恣肆……文思泉涌，文笔流畅。心理学研究表明，各种丰富多彩的游戏、活动，各种有意义和充满情趣的生活，最易激发孩子的情感，使孩子激动、兴奋，及至沸腾，最容易调动孩子观察思考和练笔的积极性，让孩子在"我想写""我要写"的心境下一吐为快，有效地培养了孩子的自主性。

游戏培养了孩子观察生活的目光、感悟生活的能力，使他们对现实中的一草一木、一情一景，都能有独特的体验、观察、记忆和想象，从中提高孩子的写作能力。让孩子们尽情地享受游戏吧！我在感受孩子天真的童趣时，也从中悟出：孩子学会了攫取生活素材，便能写出有情趣、有个性的作文，孩子的潜能、心智便能在其中得到开掘和启迪。这或许就是快乐作文的真谛吧。

四、快乐地写，在写作中快乐地成长

真有不会写作文的孩子吗？为什么孩子把写作文视为畏途？毕加索曾说："我愿意花一生的时间向孩子学习怎么画画。"问题是毕加索说这句话时，他已经是大人，不是孩子了。即使他有相当高明的创作技巧，他又如何能葆有孩子的观察力呢？孩子的作品最重要的是表达孩子的想法。

写作心理学告诉我们，良好的写作心境会使孩子充满情趣，生机勃发，在积极主动的状态下进行写作，从而让孩子在想写、爱写、乐写中提高水平。孩子有一颗不泯的童心，天真顽皮，对生活充满憧憬与幻想。快乐作文中，注意启发孩子解放思想，敢于标新立异，发表自己的独到见解。

让孩子自由地去写。让孩子根据自己的兴趣、特长、所见、所闻、所感，构思内容，自由选择恰当的表达方式，无拘无束地写。例如，纯拼音或拼音加图画。我想什么，就写什么；想怎么写，就怎么写。这样的文章说的是真话，写的是真事，抒的是真情，个性鲜明，富有独创性。

让孩子大胆地去想。想象是孩子的天性，低年级孩子的求知欲和好奇心特别强烈，在其头脑中会产生许多新鲜、奇异、与众不同的想法，会创造出许多新的形象。在作文教学中，老师要抓住孩子这一心理特征，发展孩子的想象力，发挥孩子创造的潜能，如可以借助现代教育技术手段，依据现代科技知识进行想象作文训练；让孩子听音乐，然后自由想象作文；也可学完故事内容进行续写练习，如听了《远方寄来的生日礼物》后，问："提姆和莎兰怀着甜蜜的希望把信寄出去后，爷爷奶奶会收到这封信吗？他们看懂了吗？后来会怎样呢？"鼓励孩子展开想象，进行续写，要求在写法上敢于突破常规，标新立异。孩子的思维插上了想象的翅膀，把自己的生活和情感体验融入故事中，在感知、理解故事的基础上，加以自己的想象，这样，孩子在作文中既抒发了自己的独特见解，又充分地展示了自己的个性。还可创设情趣盎然的写作环境，

写作时，不妨把富有儿童情趣的生活画面、活动场景搬入课堂，如精彩的课本剧表演、激烈的小竞赛、活生生的小动物……情境的设置让孩子在轻松愉快的心情中获得写作素材，激发了他们的写作欲望。孩子们把兴趣的焦点逐步由"乐于做"转向"乐于写"。

在孩子快乐成长的过程中，有趣的事情太多了。孩子们用快乐的眼睛捕捉到快乐瞬间，进而用快乐的童心写出快乐的作文。让孩子写他们喜欢的作文，用孩子喜欢的方式引导他们写作，那么，相信我们的孩子一定能达到"易于动笔，乐于表达"的要求。

让孩子大胆地想吧！自由地写吧！孩子们会用可爱活泼的笔写出真正孩子状态的作文，写出一篇篇充满童真童趣、想象丰富、精彩感人的好文章！

今夜，我怀着感激的心情，把自己在小学作文教学方面得到的一点感触写出来，希望能得到大家的赞同，让我们尽量使孩子们更快乐、更幸福、更有自信。

让孩子们的生活充满欢乐，充满阳光！让孩子们快乐地作文，快乐地成长！

这不是我们共同的希望吗？

坐标图维度作文新概念

一、作文概念的新思考

为什么说作文是一种表达？表达是人的需要？概括地说，作文是用书面语言表达自己的欲望：表达自我欲求，表达自我发现，表达自我情感，表达自我思想。在这样的表达中，写作者将自己的生命沉淀在文字中。所以说，文如其人。于是，我们从《红楼梦》中发现、认识了曹雪芹，从苏轼的诗文中发现、认识了苏轼，从《围城》中发现、认识了钱钟书……

为什么说作文是主要表达生命的发现与思考呢？有人说，一个人自出生到最后悟得人生的真谛走向生命尽头，其实就是一段发现与思考的历程。所以，古人常说"生年不满百，常怀千岁忧"，西方哲人说"我思故我在""人是一根会思考的苇草"。古代圣贤孔子特别在乎这样的发现，因此会发出这样的人生感悟："四十而不惑，五十而知天命。"西方人常追问的哲学问题是：我是谁？我从哪里来？我要到哪里去？所以说，作文主要表达的是对人生的发现与思考，古今中外都一样。

二、作文教学的新样态

关于作文教学，《语文课程标准》具体的表述是怎样的呢？第二学段的第二条是："观察周围世界，能不拘形式地写下自己的见闻、感受和想象，注意把自己觉得新奇有趣或印象最深、最受感动的内容写清楚。"第三学段的第二条是："养成留心观察周围事物的习惯，有意识地丰富自己的见闻，珍视个人的独特感受，积累习作素材。"第三条是："能写简单的记实作文和想象

作文，内容具体，感情真实。能根据内容表达的需要，分段表述。学写读书笔记，学写常见应用文。"仔细阅读和思考这些表述，可以看出课程标准倡导的习作教学的特点。

浙江省"小语会"会长柯孔标先生曾研制出了一个"小学生作文坐标图"。坐标横轴关乎写作风格，纵轴关乎写作内容。坐标纵横交叉的核心，是传统的记叙文写作。按照坐标纵横交错划分的领域，可以将儿童写作划分为四个维度：第一个维度，是微型报告文学与科幻作品；第二个维度，是新闻、实验报告和科普小品等；第三个维度，则是应用文——启事、会议记录、日记等；最后一个维度，是诗歌、散文、小说、童话等。按照日本写作学界的说法，第二、第三两个维度，是指向"传递社会信息的写作"；第四个维度，是指向"表现自己的写作"；而第一个维度，则两者兼而有之。

行笔至此，我们可以对小学阶段六年的写作做一个纵向的梳理。写作教学要从儿童发展的阶段性需求入手，将指向"自我表达"的文学性写作和指向"传递社会信息"的非文学性写作融合在一起，建构起从低到高、螺旋上升的"儿童创意写作阶梯课程"。这是针对当下儿童写作"失重""失真"现象，让儿童"创造性地表达自我"的一种写作样态，是小学作文教学的一种新的尝试。

三、作文教学的新尝试

（一）依托文本，拓展教材

现代语文教学论认为，语文阅读教学过程的实质是教师、学生、文本三者之间通过多种形式的对话渠道，在把握、内化文本原初内在的思想、情感的基础上，共同建构起对文本意义的追求与超越的过程。而新课程标准下的语文教学和原来传统的语文教学相比，一个最明显的不同是新课标的语文教学基于社会生活，基于学生的生活实践。从这个意义上来说，文本是语文阅读教学的依托，也是写作教学的契机，但语文教学既要回归教育的原点，不仅要依托文本，还要走出文本，高于文本，从教材走向学生，调动和运用学生的生活经验和"心理感受"，构建新的语文知识和写作素材。

例如，在教学人教版五年级上册《窃读记》一课时，我在课堂教学时注重引导学生联系实际，先要学生写写自己关于课外阅读的一些趣事和收获，再对比作者林海音写的《窃读记》，找出自己和林海音童年读书的异同点，教师适时地穿插进林海音的作品《城南旧事》，牵出了文章写作线索——"窃读"，"窃读"的滋味是"一页，两页，我像一匹饿狼，贪婪地读着。我很快乐，也很惧怕，这种窃读的滋味"。披情入文，学生的心理感受调动起来了，这时再来理解文章的中心句"我总会想起国文老师鼓励我们的话：'记住，你们是吃饭长大的，也是读书长大的！'"就水到渠成了。课后，孩子们争相阅读林海音的《城南旧事》，有的孩子还和父母一起观看了电影《城南旧事》，从而认识了电影里的女主角英子。

这堂课的教学从儿童发展的阶段性需求入手，将写作目标指向"自我表达"的文学性写作，体现的是"小学生作文坐标图"的第四个维度。

（二）依托文本，仿创结合

当下的小学语文课堂阅读教学，教师喜欢一味强调学生的主体阅读，而完全忽视了文本作为教材的确定而多元的意义，只是盲目探究教材文本意义的生成，致使阅读教学偏离了语文的轨道，缺失了"语文状态"，学生也缺乏对文本真正的感同身受，"失重""失真"现象严重，进入不了文本所描绘的真挚丰富的情感世界。因此，依托文本，基于大量的课外阅读，才能让语文阅读教学回归原点，并且顺利开拓仿创结合的写作教学。

仿创写作的做法有很多种，如聚焦写作技巧，读一段仿一段，读一篇仿一篇；也可以用心开发，创设写作情境，引导孩子们整合利用所读书籍中的信息，进行写作穿越，让自己不知不觉成为书中的人物，与主人公同呼吸共命运。仿是途径，创是目的，这种教学模式尤其适合中年级孩子。

又如，在教学《小苗与大树的对话》一课时，我在引导学生通读完全课后，要求孩子运用本课一个孩子同一位大人对话的形式练写作文。因为有课本的依托，所以学生有了感性的认知，而且在写作格式上也有了规范的借鉴，所以话匣子打开了，写作灵感如涌泉而出，写出了一篇篇让人爱不释手的好文章：

题目1：妈妈小时候，我不知道的世界

苗苗：妈妈，你小时候会不会挑食？如果有，您怎么办？

妈妈：我小时候的物质生活没有现在这么好，根本没有零食吃。但那时候的课外活动可多了，每天还要帮姥姥做好多家务，经常肚子饿得咕咕叫，捧起饭碗大口大口吃饭，哪会挑食啊。

苗苗：妈妈，你小时候都会做哪些家务啊？

妈妈：那时的我可能干了，会扫地做饭，会打煤球。逢年过节，姥姥姥爷要加班，我还会把被子搬到院子里晒晒太阳杀杀菌……那时家里穷，还会带着小姨一起糊纸盒拿到镇上杂货店卖几个钱，然后再换一两斤酱油回来。那时候的孩子都很节俭，不会乱花钱，因为知道父母上班养家很辛苦。

苗苗：妈妈，和您比起来，我的童年多幸福啊！

……

题目2：妈妈小时候也是族

我和妈妈每天都生活在一起，但是老觉得我们两代人之间有些不同，听妈妈讲起她的经历和故事，感到那么的遥远、陌生，还有些不可思议。

婷婷：妈妈，您小时候上学路远吗？怎么去上学？

妈妈：我们小时候，都是在离家较近的学校上学，同学之间也住得很近，上学放学喜欢挨家挨户叫唤，然后结伴而行，从不需要家长接送。

婷婷：妈妈，您平时喜欢看什么课外书？

妈妈：我们小时候主要看一些反映英雄人物的故事，比如《钢铁是怎样炼成的》《草原英雄小姐妹》《红岩》《青年近卫军》《青春之歌》，等等。

婷婷：您那时候最喜欢什么活动？

妈妈：看电影。那时的学生票5分钱一张，很多电影都看过好几遍，有的甚至能够倒背如流。

婷婷：妈妈，那您是追星族吗？

妈妈：那时不叫追星族，但是我们也有自己非常喜欢的演员，比如秦怡、龚雪、张瑜……还会买这些演员的照片、挂历当宝贝收藏呢。

……

这些素材的搜集和练笔，体现的是"小学生作文坐标图"的第二、第三两个维度，是指向"传递社会信息的写作"。

（三）依托文本，创意写作

在熟悉课文框架，学生对一些写作技巧有了初步感知的基础上，联系生活实际，指导学生细致观察。就像叶黎明教授说的那样：儿童的想象"无理而妙"。好玩有趣，就是最佳的写作情境，往往可以写出无限的创意。

人教版四年级上册第二单元的习作要求是这样的：

仔细回忆，你观察了什么事物，是怎么观察的，有什么新的发现。把你最想告诉别人的内容写下来。题目自己定。还可以写观察日记。

这里写作要求笼统，只有一个大概的范畴。至于观察什么，怎么观察，观察日记与其他作文有什么不同，没有具体的指导。为了拓宽孩子们的写作思路，我组织了以下实验活动，附课堂实录如下：

实验1：土豆皮有什么功能？

课前准备：几十个土豆，还有天平秤、量杯、水果刀、水果盆、科学实验室用的小烘箱等器具。

实验要求：形式不拘，方法不限，请用科学的方法说明土豆的功能，并写出自己的观察结论。同时，要求全班同学分成若干小组，合作完成。

活动流程：面对几十个土豆和一堆器具，孩子们会如何下手？怎么观察呢？

有个小组开始行动了。

第一步，他们先讨论了一番。

第二步，组长拿了一大一小两个土豆放到天平秤上称重，组员记下称重时间、次数及重量。

第三步，男组员拿了水果刀给大土豆削皮，再放到天平秤上称重，没皮的土豆和有皮的土豆的重量基本相同，组员第二次记下称重时间、次数及重量。

第四步，把没皮的土豆和有皮的土豆放到有水的盆里浸泡几分钟再拿起来称重，它们的重量变化不大，组员第三次记下称重时间、次数及重量。

第五步，把没皮的土豆和有皮的土豆放到小烘箱里面，大家围着仔细观察，发现没皮的土豆表面开始变黑，黏黏糊糊的，而有皮的土豆"完好无

缺"。再放到天平秤上称重，没皮的土豆和有皮的土豆的重量有了变化，没皮的土豆变"瘦"了，一个轻，一个重，组员第四次记下称重时间、次数及重量，并得出了第一个结论：没皮的土豆水分容易丢失。

第六步，小组讨论，得出第二个结论：土豆皮能够保持水分。

第二天，这个小组的同学合作完成的观察日记步骤清晰，方法得当，而且结论可信，是一篇非常难得的应用文。

本次的观察写作体现了"小学生作文坐标图"的第二个维度——实验报告和科普知识。

实验2：鸡蛋在醋里泡一周会长大吗?

1. 观察要求

（1）仔细观察泡在醋里的鸡蛋会有哪些变化。是什么原因使鸡蛋发生了变化?

（2）可以用放大镜、尺子等工具进行调查、研究，然后把观察所得写成文章。

2. 做记录

做观察记录时要注意以下事项：

（1）观察的日期、星期、天气、气温。

（2）鸡蛋的物理特征（形状、颜色、大小、构造等）；醋的颜色、味道等。

（3）周围的同学有什么发现? 他们观察到的和你观察到的一样吗? 你认为有趣的事、奇怪的事是什么?

3. 查阅资料

如有疑问，自己查一下有关的辞典或百科全书。

4. 写作提示

（1）根据记录，写小结文章，注意不要遗漏了重要的内容。

（2）把图、表等放到文章里面去，要写得别人容易理解。

（3）把书中读到的和自己观察到的、自己想到的做比较。

（4）每项内容前要加上小标题。

本单元的习作指导对"观察要求"明确了观察范围，告诉孩子们用什么工具去观察，做观察日记注意哪些事项。这就是指导学生观察写作的细致指导。

关注"观察的日期、星期、天气、气温"，这是科学精神的渗透。

关注"鸡蛋的物理特征（形状、颜色、大小、构造等）及醋的味道、变化"，这是对于所写事物静态的观察。

关注"观察周围同学的发现，再和自己看到的做比较"，这是动态的观察。

留意"你认为有趣的事、奇怪的事"，这是培养细致观察的习惯。

观察方法渗透在提示中，这是在以文本为依托，交给孩子写作的基本方法。孩子们有法可依，可以根据线索照着写，写出来的作文呈现出多样性，避免了人云亦云的文体。

本单元的习作教学，我利用周末时间还布置了完成"观察一种小昆虫"与"观察50元和100元人民币"等习作训练，因为有了课堂上两次实验活动的铺垫与指导，孩子们有章可循，自行完成的观察日记写得生动有趣，质量非常高。由此可以总结，与我们教学中常用的识字、阅读等基础技能训练等方式相比，作文训练更注重生活感知和情感体验，这是一种更真实、更有效和更能入脑入心的学习方式。因为生活化的教学过程，即"活动—体验—感悟"的心路历程与学生写作能力提升过程的"感知—体验—积累—明理—技能"内化规律完全吻合，而且，由于有真实的情感体验和情感认同作动力，学生的写作过程强烈而深刻，情感生成要素同步而协调，形成一种自主、自觉、自动、自悟、自省的自我建构机制，进而达到"我手写我心"的境界，所以形成了学生个人习作的独特风格。这就是人们常说的"听过的忘记了，看过的记不住，做过的就理解了"。

（四）依托文本，资源整合

课堂上的作文教学，重在方法上的指导。在理解文本的基础上，再加上教师方法指导，学生用文字表达自己对生活、对问题的"独特发现"。这种个人的思考，源于孩子自己的真情实感，正是写作的核心要素，也是写作的不竭源泉。

每个学段教材关于写作的目标，可以看作一个纵向的体系，要求我们的写作教学要从儿童发展的阶段性需求入手，建构起从低到高、循序渐进、螺旋上升的创意写作课程。这种写作要求，仅仅靠语文课的教学是远远不够的，还需要大量的阅读，把读和写整合起来。例如，在指导学习人教版四年级下册第三单元课文《自然之道》《蝙蝠和雷达》《大自然的启示》系列课文后，我指导学生写《我发现了大自然的秘密》这一题材时，引导学生读维·比安基的《森林报》，法布尔的《昆虫记》，普里什文的《大自然的日历》《林中水滴》，从阅读层面拓展孩子的写作素材；同时，把语文学科和其他学科整合起来，协同教学，让课堂变得灵动起来。例如，教学五年级上册第五单元的综合性学习：遨游汉字王国，我们把教书法的郭明静老师请到课堂，为孩子们演示软笔书法，讲讲汉字演变史，告诉孩子们如何才能写得一手漂亮的中国字；同时，和美术老师一起备课，完成一张手抄报，在美术老师的指导下，孩子们有的设计对联，有的设计谜语灯笼，有的画风筝，并配上"儿童散学归来早，忙趁东风放纸鸢"的诗句。又如，学习《桂花雨》一课，南方的孩子对这一植物并不熟悉，我们把科学老师请进课堂，老师专门制作了课件，给大家介绍这种植物，并组织同学们到校园里实地观察。由于有了感性的认识和精细的观察指导，孩子们不仅更深入地学习了课文，同时还有小练笔，写了一篇《南方的桂花树》，这次完成的习作条理清晰，表达清楚，能从不同的角度把自己认识的桂花树的特征写清楚，而"表达有条理、有重点"恰恰是高年级习作教学的核心目标。再如，就人物观察来说，有肖像观察、衣着观察、神态动作观察；平时还可以进行花鸟虫鱼观察、风雨雷电观察、建筑环境观察等。教学中，善于借力，注重整合学科和生活资源，引导孩子们观察生活，描写生活，不仅可以避免语文教学得单一、枯燥，而且还可以提升他们的观察力和文字表达力。

系统的写话训练可以实现教材的梯度衔接，如四年级下册第三单元和五年级上册第三单元的写作就可以实现前述"小学生作文坐标图"中第三个维度，应用文写作——启事、会议记录、日记等。

当下，儿童写作"失真""失重"现象泛滥，为考试而写作直接抹杀的是孩子写作的热情。所以，依托文本，贴近生活素材，超越文本，"让儿童创造性地表达自我"是一种值得提倡的新作文样态。这是一种构建在写作原点上的教学理念，因为所有的写作活动都遵循了认知规律，它体现的是生命的个体存在和独特表现；因为在教师有效的引导组织下，儿童不仅发现美，感受美，理解美，还能用手中的笔流畅地表现美，创造美！

📖 参考文献

［1］中华人民共和国教育部.语文课程标准［S］.北京师范大学出版集团，2011.

［2］中小学教师专业发展标准及指导课题组.中小学教师专业发展标准及指导［S］.北京师范大学出版集团，2011.

根的工程，花的事业

——论儿童阅读的重要性

一、让母语阅读成为我们的生活必需

瞬息万变的社会，常常有人提到"红利期"这个词，有人抱怨自己错过了这个那个"红利期"，错失了很多机遇。那是因为，他们只顾一路狂奔，却不会停下来看看方向。

前几年，有人赶上了参加奥数竞赛升上名校的"红利期"，于是，无数小学生家长拖着自家的娃，盲目地跟着奥数大军一路狂奔，一面刷题、追分，一面抱怨没有时间阅读……

可是几年以后，当你发现孩子因为阅读能力缺乏，连考试都没法应付的时候，你是否又会抱怨错过了阅读的"红利期"呢？

未来，语文的地位就像原来小升初时奥数的决定性作用一样，而且比奥数更能一锤定音，阅读习惯将成为学生小学生活中第一重要的习惯，并将持续下去，而母语就是我们阅读的工具。让母语阅读成为我们的生活必需，让书籍成为我们的精神伴侣。无论是古代的还是现代的，无论是中国的还是外国的，无论是科技的还是人文的……凝聚着人类文化精神的读物都应进入我们的视野，这样我们才能成为人类文明之火的传薪者。

母语是一个民族的文化载体，母语是一个民族的精神之花。母语教育是一个民族文化传承和发展的"根"的工程和"花"的事业：通过母语学习，将儿童的个体生命引入民族的和人类的精神之源，同时催发新时代民族的美丽花朵——精神之花、语言之花、文化之花。因此，母语教育课程永远是各个国家基础教育的核心课程。

二、不可或缺的精神底子——学生读书的意义

《语文课程标准》比较重视儿童阅读，要求在整个小学阶段，课外阅读总量应该不少于145万字；提出要"培养学生广泛的阅读兴趣，扩大阅读面，增加阅读面，提倡少做题，多读书，好读书，读好书，读整本的书，鼓励学生自主选择阅读材料"。不过，在语文课程改革中，教师在课程资源的利用上还是太局限。例如，教语文就是教语文教材，一个学期只"磨"一本教材，还抱怨教不完；知道课外阅读很重要，可是推荐学生读哪些书？如何指导学生读？虽然也了解课程标准关于课外阅读量的规定，但一般都是当成"软任务"来处理，很少有教师认真落实。可以说，语文教学"少、慢、差、费"的情况还是没有得到根本改变。

曹文轩是北京大学中文系教授、现当代文学博士生导师。他是一位深受少年儿童喜爱的江苏籍作家。走访过100多所中小学的曹文轩教授，曾经对台州的小读者们说过三句话："财富不在远方，就在自己脚下"；"好文章离不开折腾"；"一本好书就是一轮太阳"。简单的几句话里，深藏着这位走下"塔尖"的儿童文学领军者的切身感悟。"中国高级知识分子很多都生活在非常狭小的空间里。有些人高谈阔论、愤世嫉俗，甚至忧国忧民，但始终在宝塔的尖上，他们的声音是朝向天空的，每一个人都是另一个人的回音壁，来回震荡。这些声音对于他们来说，并没有什么太重要的意义，但对于宝塔下面的社会而言，却是十分珍贵的。"曹文轩说自己想从那个高处走下来，到下面来走一走，甚至是贫穷的农村，"将一些教育理念、文学理念、语文理念、作文理念及阅读理念，直接传到中小学的校长、老师及学生们那里。"

读什么书比读不读书更重要。曹文轩十分重视阅读，在他看来，阅读习惯十分重要。小孩的阅读姿态是需要培养的，并非天生，而姿态有高低之分，必须培养小孩较高的阅读姿态。"这一两年来我走过了100多所中小学，有机会了解这些学校的阅读生态，发觉目前是个阅读生态严重失衡的时代。阅读生

态混乱，最严重的不是读不读书的问题，而是读什么书。现在的小孩不是没书读，相反的，因为出版业蓬勃，五颜六色的书很多，有很多书是可读可不读的，值得读的书不多。"曹文轩说，很多时候看到孩子们手头拿着的，无非就是搞笑的、热闹的，说话痞里痞气的书。许多作品，甚至连一段像样的风景描写都没有。曹文轩认为，风景描写很重要，尤其是写给孩子看的书，更是一个不可或缺的元素。

风景描写也是让读者感受文字魅力的最佳之处。一段好的风景描写牵涉到一个作者的文字能力和审美境界。鲁迅、沈从文、萧红，外国的如契诃夫、川端康成、黑塞、海明威，都是一流的风景描写大师。记得小时候读书时抄了很多风景描写的段子，这对于我后来的写作来说，真是获益匪浅。孩子们可以在你作品中看到一棵树，一股从田野上吹来的微风，既让自然教养着他们，又在不知不觉之中，培养了他们的文字能力和语感。

曹文轩认为，目前的阅读生态还不如他的少年时代，过去出版业虽然不那么蓬勃，但是他读了许多好书。

因此，我认为建立"书香班级"，形成一个"书香小社会"是一件意义非凡的事。在实施班级读书计划时，我指导学生们背诵了《弟子规》《三字经》《千字文》；还定期开展了班级读书会，依照孩子们的年龄、兴趣和喜好选择教材，如张天翼的《宝葫芦的秘密》，曹文轩的系列丛书《草房子》《青铜葵花》等，这些优秀的儿童图书就是孩子们开展课外阅读的最好教材……

秋风乍起，十四岁的男孩桑桑，登上了油麻地小学那一片草房子中间最高一幢的房顶。他坐在屋脊上，油麻地小学第一次一下子就全部扑到他的眼底。秋天的白云，温柔如絮，悠悠远去；梧桐的枯叶，正在秋风里忽闪忽现地飘落。这个男孩桑桑，忽然觉得自己想哭，于是就小声地呜咽起来……明天一大早，一只大木船，在油麻地还未醒来时，就将载着他和他的家，远远地离开这里——他将永远地告别与他朝夕相处的这片金色的草房子……

以上的描写片段选自曹文轩的《草房子》，这是一部被称为中国儿童文学当代经典、讲究品位的少年长篇小说。出版后多次获奖，并入选"百年百部中国儿童文学经典书系"。作品写了男孩桑桑刻骨铭心、终生难忘的六年小学生活。六年中，他目睹或直接参与了一连串看似寻常但又催人泪下、撼动人心的故事：少男少女之间毫无瑕疵的纯情，不幸少年与厄运相拼时的悲怆与优雅，残疾男孩对尊严的执着坚守，垂暮老人在最后一瞬所闪耀的人格光彩，在死亡体验中对生命深切而优美的领悟，大人们之间扑朔迷离且又充满诗情画意的情感纠葛……曹文轩的成长小说，以审美力量、情感力量、道义力量和语言力量打动和感染读者，使读者的灵魂受到震撼，这是儿童小说不易达到的高度。他的作品既具有现实性、扎根现实，又拓展了广阔的想象空间，富于理想主义和浪漫主义，符合当今少年儿童的精神生命。

《草房子》的背景是20世纪60年代初，那是三年自然灾害的时期，民生凋敝，生存艰难，人的精神状态比较粗糙，但我们在这部作品中很难看到这一面，看到的更多是江南水乡的一种舒缓、温柔、优美的格调与人性向善向美的精神延伸和拓展，从以下这些片段可以看到这里面有曹文轩的理想主义浪漫主义在起着作用。

雨季已经结束，多日不见的阳光，正像清澈的流水一样，哗啦啦漫泻于天空。一直低垂而阴沉的天空，忽然飘飘然扶摇直上，变得高远而明亮。草是湿湿的，花是湿湿的，风车是湿湿的，房屋是湿湿的，牛是湿湿的，鸟是湿湿的……世界万物都还是潮湿的。一路的草，叶叶挂着水珠。葵花的裤管很快就被打湿了。路很泥泞，她的鞋几次被粘住后，索性脱下，一手抓了一只，光着脚丫子，走在凉丝丝的烂泥里……

作为语文教师，我之所以推荐这些书给孩子们读，是希望学生能利用人生记忆的黄金时期，把母语文化中最经典、最精华的作品牢牢刻在心灵深处，融化到血液里，努力让这些浓缩了中华民族品格和精神的作品构成孩子一生发展的文化根基。

三、班级读书会，静听成长的拔节声

在人生的黄金时期，孩子们太需要真正的充实和滋养了，读《论语》《孟子》可以帮助孩子们重塑民族精神，庄子曾说过："判天地之美，析万物之理。"一个从事教育的人就应当拥有这般审视天地之大美的博大胸怀，就让我

们用中国最传统、最朴素的教法把孩子们阅读课外书的热情充分激发和调动起来。相信在我们的教学实践中，它会再次证明：现代化不拒绝课外阅读，现代化需要课外阅读，关键是我们应当怎样创造性地指导孩子们进行有效的阅读。

"春雨断桥人不度，小舟撑出柳阴来"，在涌动的热情中，我一直考虑该在自己的班级里做些什么。一次无意中，在《小学语文教师》杂志里看到儿童文学博士王林提出的"班级读书会"概念，这个新鲜的说法引起了我的注意，冥冥之中，我感觉眼前铺开了一条路——这是一条引领孩子们进行广泛阅读之路。我认真阅读了周益民老师写的《上读书课啦》和岳乃红老师写的《班级读书会ABC》这两本书，根据自己班级的实际情况开展读书活动。

一年来，在班级读书会的实践过程中，有一些内涵让我越来越清晰：班级读书会是以班级为单位，在教师的组织和指导下，在语文课堂上开展的阅读活动。它是由老师指定（或师生共同确定）一本书（或相关主题的书），学生共同阅读，然后在班上进行讨论和延伸活动。我在指导孩子们进行课外阅读时主要设置了以下几个环节：选书—阅读—讨论—延伸活动。

第一阶段：阅读首先就要解决书源问题

我做的第一步就是争取家长的认同与支持，积极引导，利用家长会，把家长会变成读书会。我给他们讲述图画书《爱心树》，很多家长都被感动了，家长愿意给孩子买书了，家长爱上阅读，并亲身感受读书会的好处，大力倡导的"亲子阅读"活动在家长的支持、鼓励与督促这股教育合力下初见成效了。同学们在阅读课里静静地捧着书，一副手不释卷的样子，甚至有点如饥似渴，抱怨一节阅读课的时间太短了。望着他们沉醉的笑靥，看着他们执着的眼神，我明明白白地知道，这是深藏于我心底里最美的一道风景。这道风景也让我在心里为自己暗暗喝彩："真是太棒了！"

第二阶段：进入主题阅读

阅读前，要硬性提出完成阅读的时间，指导一些切实可行的阅读方法，同时设计了一些阅读记录表让学生填写。一般，我会布置问题，让他们带着问题阅读，这也是培养学生的提问能力。讨论则是班级读书会的核心部分。学生通过对书的讨论，不但能解开困惑、深化理解，还能分享快乐、分享经验，培养团体探索的习惯。

第三阶段：讨论

有的老师说班级读书会应找到一种"聊书"的感觉，教师要以读者的心态、读者的身份参与交流。对这一点，我感触颇深。我尝试着通过大声朗读的形式向孩子们推介一本新书，效果真的很好！著名作家梅子涵曾说过这样的话："我们这些人，是有些像李利的，也是点灯的人，把一本有趣也耐人寻思的书，带到孩子们的面前，让他们兴致勃勃地阅读，朦朦胧胧间，竟然使他们一生的日子都有了方向。"他说得真好！我在指导看《青铜葵花》时，紧紧抓住作家的创作理念与追求，在师生共读整体把握小说印象后，就以"美"为话题，和学生们一起讨论：你觉得这本书中的美表现在哪里？在小组讨论后，组织交流：

美的情节（情节美）——美的事物总有一个美丽的故事。选一个美的事物，说一说它感人的故事。

美的人物（人物美）——感受美的人物，走进人物的内心世界。美丽的事物，总是和美好的人物形象联系在一起，说说看到了什么，想到了谁？

第四阶段：活动延伸部分成了点睛之笔，成了班级读书会的新时空

为了强化学生对文本的阅读，我从网上下载了根据原著改版的电影《草房子》，利用教室里先进的电子交互式白板放给同学们看。因为有了前期的阅读指导，再加上一个多月已有的个性化阅读体验，孩子们对故事情节如数家珍，每每一个新人物出现，大家都会异口同声地喊起来："秃鹤！桑桑！杜康！纸月！"电影看完后还意犹未尽，观点的碰撞、心得的交流使孩子们获得了崭新认识，把阅读活动推向了更广阔的时空。

由此看来，班级读书会是对儿童阅读权利最大程度的尊重，对于形成儿童的自主学习意识、独立思考精神都有着很大的帮助。尤其是家庭的"亲子阅读"部分，家长的感受就更深了。陈立的妈妈是惠州大学的老师，她和儿子一起阅读了《草房子》，看后，她给我发来了手机短信："许老师，谢谢你推荐了这么优秀的书籍给孩子们阅读，这是真正为孩子而写的儿童作品。在当今物欲横流的社会，这些书籍将帮助孩子们抵御各种不良诱惑的侵蚀……"杨子妈

妈和曾颢妈妈看完作品后互相讨论故事情节，杨子妈妈问："小孙，你知道你家曾颢像《草房子》里的哪个孩子吗？——像桑桑！特淘气，特聪明，还富有正义感！是个好孩子！"平时，曾颢妈妈总认为曾颢一无是处，经常会盯着他的短处数落个没完，听杨子妈妈这么一说，她感动地说："真没想到我儿子还有这么多优点，大家都看到了，只有我还没发现，真惭愧！"作品对人的感染力就像作者曹文轩所说的那样："美的力量绝不亚于思想的力量。一个再深刻的思想都可能变为常识，只有一个东西是永不衰老的，那就是美！"

四、让阅读成为"根的工程，花的事业"

"半亩方塘一鉴开，天光云影共徘徊。问渠哪得清如许？为有源头活水来。"我们在倡导班级读书会的同时，也积极倡导亲子共读、家长读书、社区阅读活动，希冀让阅读成为一种生活方式，借由阅读，教师成为一个文化的传播者；通过亲子阅读，父母和孩子不仅仅获得了知识和快乐，而且融洽了亲子关系，家不仅仅成为一个物质的存在，而且真正成为精神的栖息地。借由经典阅读，儿童对民族文化产生深刻的认同。阅读给了孩子一个温暖的家、一个文化的根、一个快乐的童年。我认为，带着孩子们一起读书，是一个语文教师最幸福的事。

> 森林从哪里来？一棵棵树。
>
> 大树从哪里来？一粒粒种子。
>
> 种子从哪里来？一个个果实。
>
> 果实从哪里来？一朵朵花。

幸福永远来自根部，最美丽的永远是花。人类是根，母语是花；家是根，童心是花；童心是根，未来是花。无数个书声琅琅的家庭，又会给我们整个社会带来什么影响？我想，每个人都能得出明确的答案。当读书成为我们一生习惯的时候，我们的国民素质将会发生根本的改观。那是我们民族的福祉，也是我们教师的骄傲！最后，就以一段台词作结吧：

琅琅书声，朗朗乾坤，让阅读温暖儿童的心灵，也温暖我们自己。读吧，让我们一起为儿童——这根的工程、花的事业而努力！

浅析语文教学中的心理健康教育

随着生活节奏的加快和学习压力的增加，中小学生在意志、智力和自我表现意识等方面，容易产生各种心理问题。课堂上好动、注意力容易分散、自控能力低、胆小、自闭、独立性差等，这些都是中小学生中常见的心理性问题。针对这些问题，我尝试了以下几点做法，并取得了良好的效果。

一、创设和谐的课堂气氛，使学生愿学、乐学

语文学科蕴含丰富的心理健康教育资源，语文教学在学生心理素质的培养方面有着得天独厚的条件。语文学科是最富人性和情感的学科，它包含大量的道德、意志和情感等教育的内容。从语文学科的教学入手，我们对学生进行心理健康教育，不仅有助于学生掌握好语文基础知识，提高运用和鉴赏语言文学的能力，而且有助于端正学生的思想意识，有利于减少学生出现的各种心理问题，对于学生的心理教育也有很好的促进作用。

在课堂上，我致力于给学生创造"乐学"的环境，建立合作、互动、和谐的师生关系，创设一种宽松、民主的教学环境。充分调动学生学习的积极性，使学生愿学、乐学，以促进学生心理健康的良性发展。女作家萧红的作品《火烧云》描绘了晚饭过后，火烧云瞬息万变的壮丽奇景，丰富的想象能够把读者带进一个美好的境界。作家能如此敏锐地捕捉到生活中神妙奇特的美，是因为她本人有着丰富而细腻的情感，心中充满了对生活的热爱。我们教学这类课文就可以培养学生热爱生活的健康心理。当学生发现平凡的生活中也有着如此美妙的事物，他们就能更加深刻地领会到自然的美、生活的美和艺术的美，

就会发现这个世界是美好的，从而使自己的心灵得到净化，情趣得到陶冶，最终达到培养健康心理的目标。

再有，在小学低年级的说话课中，教师给学生讲述一些启发性及趣味性较强的故事，让学生复述、分角色表演，这样既能锻炼学生的语言表达能力，又能培养学生的竞争力和自信心。而竞争力和自信心的培养，正是健康心理的重要组成部分。

二、挖掘并利用语文课堂教学中的有效资源

语文学科所包含的心理教育资源非常丰富。这种资源能激发学生对人生的感悟，开辟出情绪宣泄的通道。对人宽容是中华民族的传统美德。具有宽容心的人，一般不会斤斤计较，因此常常受到他人的敬重，如《将相和》中的廉颇，由于蔺相如职位高于自己，产生了不满甚至抵触情绪，三番五次地为难他。而蔺相如一概宽容他，最后终于赢得廉颇的敬重，使得廉颇负荆请罪。教学这一课的时候，我引导学生理解文中两个人物的个性及品质，并适时地对学生渗透知错就改和宽容大度的心理教育。

从心理学的角度来看，感知是人脑对客观事物的具体认识过程。语文学习中的感知，主要是指学生对语言的感知能力，也就是说，面对语文素材，应当能够敏锐地察觉其中隐含的意义或提出有关的问题。但在现实教学活动中，学生往往因为一些心理方面的因素，不能进入正常状态的学习。一些学生在作文时总是言之无物，除了与写作方法和技巧有关之外，还是在想象方面存在问题。因此，应通过学生的日记、周记和作文，努力走进学生的内心，真切感受他们的情感世界，从而有针对性地引导他们学会生活、学会做人，正确地认识自我，悦纳自我，快乐学习，健康成长。

语文学科中的心理健康教育内容是多种多样的，我们应该懂得挖掘并很好地利用这些内容。当然，在教学过程中，作为正常的语文教学，我们对学生心理健康教育内容的挖掘，应该是教学素材中本身所蕴含的，绝对不能脱离教材强加上去。牵强的内容设定是不科学的，也是不合理的，甚至有可能脱离语文教学的正确方向。

三、及时分析课堂中学生出现的心理问题并对症下药

在语文教学过程中，学生经常会出现内向懦弱、沉默寡言、缺乏自信和不答问题等情形。有的学生对于生字和课文的记诵总是不达标，这是记忆方面存在问题。自我意识方面主要表现在当老师提出问题的时候，举手回答的总是那几名同学，而其他同学则稳如泰山，不愿意回答。如果学生不愿意表现自己，老师就无法了解到学生的学习状况和心里的想法及对问题的看法。这都是学生出现心理问题的具体表现。

在语文课堂上，考虑到不同层次学生的需要，兼顾他们的学习能力和知识储备的差异，我都会有针对性地进行问题设置，设置出符合梯度性原则的导学案。这样可以让各个阶段的学生的学习能力都能得到提升，让学生的个性得到发展，让他们在学习中体会到成功的快乐，在快乐中成长。

对于胆怯的学生，我尽力挖掘他们身上的闪光点，并采取语言、动作和暗示等方法来激发他们的表现欲望；在课堂中穿插一些有趣的语文游戏，为学生能力的发展提供锻炼的机会，让学生在感兴趣的活动中，充分地表现自己，使他们克服自卑心理，变得自信起来，从而发展学生的自我表现能力，并使学生的心理逐步健康起来。

总之，在实施以创新教育为核心的素质教育的过程中，健康的心理是接受教育的重要保证。健康的心理，对于学生语文素质的提高又有着很好的促进作用。作为语文教学工作者，我们应当抓住教学中的每一次机会，并努力创设条件，培养学生良好的心理素质，从而更好地推动素质教育的深入发展。

📖 **参考文献**

［1］林崇德.发展心理学［M］.北京：人民教育出版社，1995.

［2］沈大安.小学语文教学案例专题研究［M］.杭州：浙江大学出版社，2005.

［3］薛法根.另类课堂［M］.南宁：广西教育出版社，2006.

送课下乡的快乐

我曾经去一所农村小学上语文示范课，在课前，我和孩子们接触了一下，谈谈心，又稍微露了两手，唱了几首好听的儿童歌曲，画了几幅黑板简笔画，孩子们就开始亲近我了。

上课了，因为考虑到城乡孩子知识水平的差距，根据自己对教材的理解，我预设了一些学生可能遇到的问题，并运用多种教学手段，充分调动起学生学习的积极性。孩子们踊跃地发言，积极地参与，快乐地表现……40分钟的和谐课堂，不仅带来了高效课堂，还带来了快乐。

一节课的内容顺利完成了。我长长地舒了口气，心里想着，这节课带给孩子们的可能不仅是新奇，更重要的是成功的体验吧！课后，我还进行了小测试，学生的回答让原来的语文老师直呼："没想到，真没想到我自己的学生原来还有这么好的潜力。"放学了，学生们簇拥在我身边问："老师，您每天来给我们上课好不好？"还有个学生悄悄地在我耳边说："上您的课，我们都爱发言，不像我们的老师，只叫几名同学，只表扬几名同学。"其实我知道，他们的老师也很棒！孩子们只是需要更多的肯定。

教育是平等的，每一个孩子都渴望在课堂上得到老师或小伙伴的积极评价。渴望获得成功的体验，哪怕是一个肯定的目光，一次举手的机会！用欣赏的眼光去看待孩子，评价孩子吧！这就是一次送课下乡带给我的收获！

网络行走微概念

时代在发展，个人要进步。21世纪，个人专业成长比以往任何年代都显得日益迫切。信息时代，知识更新速度日益加快，单靠已有的知识越来越无法适应时代发展的需求。如何充分利用信息资源快速提升自身理论水平和业务能力，是摆在每个从业者面前的课题。网络是个神奇的世界，给人们提供了跨越时空的信息交流平台。身为班主任，学会利用网络学习、借鉴别人的先进理念和方法，无疑找到了自身快速成长的助推器。网络学习需要新概念，从细微处入手，那就是要做到"勤、思、动"。

一、"勤"字当头

网上学习曾经被比喻成一场学习的革命，成为我们众多学习方式中的一种，如果选择得当的话，这对一个人的专业成长肯定是有好处的。上网学习要坚持，不能心太急，想什么都学点、弄点，想赶紧掌握这个或那个技术。其实，很多东西不是一气呵成的，要注重目的性，要慢慢来，静下心，耐心地去做好一件事，要有计划性。尽量多浏览、涉及一些有关班主任工作方面的网站。网页林林总总，帖子千千万万，大有"春城无处不开花"之态，常让人眼花缭乱，顾此失彼。一个人的精力和时间有限，班主任的工作又琐碎、繁忙。而且，网站本身也是良莠不齐的，所以必须有所选择，选定那些质量高、专业化的优质网站，有利于更好地提升自己。在网上不宜"朝三暮四"，更不宜"打一枪换一个地方"，而应选定适宜自身特点、适宜自己专业发展提高的网站。一般而言，选定两三个，"安营扎寨"即可，如"班主任之友论坛""教

育在线""K12中国中小学教育教学网""教师研修网"等。同时，要进行全面而快速的扫描，及时捕捉有用信息，过滤删除无用信息，像蜜蜂采蜜一样广泛占有信息的同时能够快速取舍。多上网、勤耕耘，把网上学习坚持下来，日积月累，自然就会厚积薄发了。

二、"思"字为重

所谓网上学习难坚持，我想应该跟上网的盲目性和随意性有关，网络世界包罗万象，五彩缤纷，什么都有。上网学习目的要明确，别总是匆匆忙忙走马观花地浏览，还要自觉、自律。不能什么新鲜看什么，对什么感兴趣就看什么，需要学习的内容反倒放松了，躲开了。不思考，不知道自己要学习什么，就学不到东西。我们要带着问题上网，就像我们上课，你必须带着问题。没有问题，你就让学生随便说，或者老师随便讲，那就乱套了。同样，你想上网，你要干什么，你要思考，要有计划、有目的，然后耐下心、静下心，我一天就做这一件小事。做好后再慢慢消化、吸收，慢慢反思、提高。于是，积少成多，逐渐地熟悉了，找到感觉，心里就有谱了。尺有所短，寸有所长。每个人的经历、工作环境、思维方式和处理问题的方法不一样，但不可否认都有其闪光的地方，总有值得借鉴之处。广泛利用网络资源的同时，还要注意多动脑思考，多联系自己的实际，梳理自己的思路。同样的事，别人这样做的道理在哪里？别人是怎样从生活中寻找到解决问题的突破口的？这样处理是最佳的吗？假设遇到与别人类似的情况时自己会怎么处理？有没有更好的方法？网络有它好的一面，但是也存在一些问题，是不是所有的问题网络都能够解决？面对网络学习，我们既不能"乱花渐欲迷人眼"，也不能"拔剑四顾心茫然"，得有自己的分析判断，通过这样不断地训练来提高自己。

三、"动"则思变

不要光想不动，要做一个有心的班主任。多在网上看别人的文章（尽量选择精华帖子，认真研读），开阔眼界。多想别人的优点和长处，触动自己的思维。学会在网上进行即时互动，多与别人，特别是同行进行沟通交流。我们常说，一个人有一个想法，两个人交换就有了两个甚至更多的想法。大家通过交流学习，分享彼此的知识智慧。多动动笔头，尝试写写教育教学案例、随笔、教育故事等，及时将自己的感悟理解、体验反思付诸笔端记录下来，这既是锤炼自己文字表达功夫的大好时机，也是自己的理性思维能力得以快速提升的大好时机。记得有位名叫汪重阳的老师说过："阅读、写作其实是教师安身立命的资本，我们教师千万不要停下手中的笔。"

当今，知识飞速增长，网络的发展使知识开上了快车道，教师不能光靠吃老本去教书育人，必须善于利用网络充实自己的知识宝库。一位班主任如果不能与时俱进，不断充实自己的知识，而是抱残守缺，削足适履，在专业化的道路上必将举步维艰。

用激励性语言滋润学生的心田

　　课堂教学评价是教学活动不可缺少的组成部分，对教与学起着导向、激励、调控作用。语文新课标要求建立一种平等、对话、互动的新型师生关系。在宽松的氛围、愉悦的心境、和谐的交流中积极、有效地提高课堂教学质量，促进学生全面发展。心理学研究表明，小学生年龄虽小，但他们的荣誉感特强，正面的、肯定的评价能激发他们学习的兴趣，增强他们的信心。如果老师多用发展的眼光看待孩子，多用激励性的语言指导孩子，会让师生间的沟通交流变得亲切、愉悦。让我们尝试走进孩子的心灵，给予孩子帮助教育。

　　激励性评价不是简单的表扬、表扬再表扬，而是善意的、恰到好处的激励，在学生心中点燃求知的火花，激发他们憧憬美好的校园生活的愿望，使学生不断品尝到成功的快乐。作为教师，应当多反思自己对学生的评价是否恰当。例如，在课堂上如何评价学生的朗读和质疑？是责备学生："怎么读不通顺？"还是说："相信你能读得更好，再来一遍怎么样？"是严肃地批评学生："你想得根本不对！"还是微笑着对她说："这是你独特的想法，可惜不正确。你再听听其他同学怎么想的。"是指责学生："怎么就你问题多，老说个不停！"还是表扬他："你一直在动脑筋，通过阅读发现了许多问题，真是个爱思考的孩子。"或许只是老师不经意的一句带有评价色彩的话，但有可能影响学生对学习生活的认识、情感和态度。

　　在我的语文课堂上，时常会出现这样的情形：面对老师的课堂设疑设问，孩子们争先恐后地要求回答，或大声叫喊，或站起来，或高举小手。当我叫起某个学生回答时，他却一脸茫然，愣在那里，回答不出。此时此刻，作为老师的我们该怎么办？要知道这并非学生恶作剧。小学生的注意力既不稳定，又不持久，且容易受兴趣等诸多因素影响而变化。有关脑科学研究表明："注意，就是对信息的放大。而人们一旦对某一信息产生注意，其余信息就会被自动抑制。"所以，当问题提出后，学生的注意力完全集中在思考问题、探究答案上。答案一经产生，其注意力便立刻转移至如何争取老师叫自己回答问题上来。此时，问题答案兴奋中心被争取解答兴奋中心所取代，由此产生瞬间遗忘。其实，当学生情绪平静后，问题的答案便会再次显现。对此，老师要清晰了解学生的认知心理过程，恰当地给予激励："老师知道你已经想出了问题答案，只是一时不知道怎么说才好，不要着急，再想一想，待会儿老师再请你回答。"应避免简单对待，大声训斥，以致挫伤了学生思维的积极性和探究的主动性，影响、压抑了课堂气氛。只有尊重、理解学生，发挥学生的主体能动性，课堂教学才会动起来、活起来，教学效果也会随之好起来。那么，该如何较好地把握激励性评价尺度？

一、适度

这里的度，是指在激励性评价中，老师激励性语言的轻重，直接影响着激励性评价效果的大小。理论与实践都证明，激励性语言的强度与效果呈抛物线形：开始，两者间成正比；在达到一定高度后，效果则自然减退。所以，在以激励性评价学生主动、积极地参与学习时，初始阶段的激励性语言的强度可以大一些。特别是针对某些学习主动性不强、积极性不高、成绩较落后的学生，即使他们取得点滴进步，也要以较大的强度给予激励、促进。

二、适量

适量是指在一定时间内激励性评价的次数要合适。太少，对学生情感触动轻微，起不到激励性评价的作用；太多，容易使学生不以为然，默然视之，形成疲沓的心态。对于学习主动性、积极性高的学生，激励性评价的次数要"吝啬"，只有在其表现较为突出时给予充分的肯定，使其感受到获取激励性评价的不易，从而努力投入以获取激励性评价。而对那些平日学习较为懒散，

很少主动、积极地参与学习的学生，给予激励性评价的次数可以多些，此时老师千万不要吝啬激励性评价。

记得在一次朗读课文时，班上一个性格极其内向的孩子周汤翼举起了手，我让他起来朗读，他脸涨得通红，我尝试鼓励他"不紧张，慢慢来"。终于，他结结巴巴地把课文读完了，全班学生哄堂大笑。当时我没有笑，反而及时表扬他："不错！你有勇气和耐心把课文读完，老师为你点赞，如果你别紧张，放轻松，读得再流利些就更好啦！"之后，只要他每次举手我都给他机会，并始终以激励性的语言鼓励他，渐渐地他的朗读有了很大的进步，也慢慢克服了紧张的毛病，对自己有了点自信。有时，老师的激励性评价，既帮助学生树立了自信心，又指导了学习的方法。要注意的是，随着学生学习兴趣的提高，激励性评价的次数也要随之递减，以保持其对激励性评价的渴望，从而保持学习的主动性、积极性的持续。

三、适时

"赏不过时"，是说奖励应该选择在最佳时机给出，而这个最佳时机就是要及时，激励性评价也是如此。当学生全身心投入学习并取得成绩时，老师及时的激励性评价正是对他们学习成果的赞许与肯定。而这种肯定，特别容易满足孩子要求尊重和实现自我价值的心理需求，也就更能激发他们继续主动、积极投身学习的情感。

清代教育家颜元先生说："教子十过，不如奖子一长。"花费很多时间和精力去苛求学生，不如用点心去发现其优点，并以此鼓励他，让学生体会成功的滋味。老师在教学中不要吝啬赞许与鼓励，多以激励性评价为主，每当学生答得好时，及时称赞："说得很有道理""你的发言很精彩""你读得真好听，看！同学们都在称赞你！""相信你下一次会做得更好""真喜欢你的自信"……既满足了学生的表现欲望，又培养了他们的主动性。所以，激励性评价一定要及时，对事过境迁的激励性评价，除了学生兴趣的减退，效果也将打折扣。

四、多元

在一次中美教育研讨会上，美国心理学家霍华德·加德纳提出：人的智力结构是多元的，每个人至少有语言、数理逻辑、空间、运动等七种智能，这些智能表现出的个体差异有的强、有的弱、有的早、有的晚，没有优劣之分，只表现出不同的特征与适应性。但有一点，教育中赏识他们，就会开发他们；教育中忽略他们，就会压抑他们。随着新课标的深入实施及素质教育的大力推进，学生的个性成长、全面发展将越来越受到关注。

俗话说"尺有所短，寸有所长"，在课堂上面对50多个孩子，我们必须承认这样一个事实，学生与生俱来存在着个体差异，这种差异主要表现在认知水平、认知风格和发展趋势上。作为教师，我们要尊重学生的个体差异，要有一双智慧的眼睛去发现他们各自的闪光点，努力做到因人施教、因材施教，帮助孩子在现有差异的基础上有所发展。

比如，在新课程中提倡多元评价，从多个角度、多个方面对学生进行评价。在朗读教学时，我先教给学生简单、客观的评价方法，再采取自评、互评、师评的形式，发现学生在某些方面的闪光点。虽然他的情感表达得不是那么充沛，但他声音洪亮；虽然他的声音不是很大，但他的普通话很标准……这样，学生站起来朗读就不会不好意思了。"哦，原来我是有优点的，只要我把声音提高一点，我就很完美了！"这样，学生就愿意尝试改变，追求进步，他的自信心就会点滴累积、提高。同时，我告诉学生，世界上没有十全十美的人，当然也没有一无是处的人，每个人都有自己的优点和不足，只是有的人优点突出，有的人缺点显现罢了，只要扬长避短，每个人都是一个完美的人。在教学中也是如此，每个学生都有自己的闪光点，老师要通过多元评价来发现，并进行鼓励表扬，再折射到不足上，促进其不断取长补短，不断进步提高！

著名教育评价专家斯塔弗尔比姆强调，评价不在于证明，而在于改进。在语文教学的每个环节，充分发挥老师激励性评价的魅力，同时欣赏学生自主与互评的精彩，渗透老师的关爱、包容和鼓励，这样就能为课堂注入一股新的动力，让课堂教学活起来，使课堂成为学生流连忘返的殿堂，让他们在此获得

更大价值的生命超越和个性发展。让我们用激励性语言滋润学生的心田，让激励性评价在童心中飞扬！一如德国教育学家第斯多惠所说的那样："教学艺术的本质不在于传授，而在于激励、唤醒和鼓舞。"

参考文献

[1] 吴忠豪，薛法根，张祖庆. 小学语文教师［M］. 上海：上海教育出版社，2011.

[2]〔德〕第斯多惠. 德国教师教育指南［M］. 袁一安译. 北京：人民教育出版社，1990.

悠悠国学情，款款北大行

——小学国学经典课程规划暨教学观摩全国培训大会小记

早春四月，我怀揣"感恩"，满载"希望"，走进北京大学，走进北大的百年纪念讲堂，参加了2017年"小学国学经典课程规划及教学观摩"全国培训大会。置身于北大校园，感受北大厚重的历史与文化底蕴，仿佛整个北大上空都弥漫着浓浓的书香味道。时间转瞬即逝，历时一周的培训学习很快就结束了。这期间，我们聆听了知名教授、专家的专题讲座，观摩了特级教师的国学课堂，欣赏了著名播音艺术家的深情朗诵，深切感受到祖国传统文化的博大精深。我被圣人智慧之言熏陶着，被崇尚师德、治学严谨的教授们感染着，被来自全国各地的老师们的真诚友善与勤学好问感动着。

我的第一个学习体会是：何为"国学经典"？

作为一线的教师，本次学习的最大收获就是再次感受"国学"的魅力，对"国学"的理解有了跟以往不一样的思考，概念逐渐清晰起来，就如国学大师章太炎老先生对这个概念的精辟诠释："国学者，乃一国固有之学问。"换言之，国学就是中华五千年灿烂文明中学术文化的结晶。国学包括经、史、子、集四部分，"经"指四书五经，"史"指二十四史等，"子"指先秦诸子的学术成就，"集"指文人创作，即文学与文学批评。国学经典经历了几千年历史长河的洗礼、沉淀，是我国民族文化的精髓，不仅蕴含着崇高的人格美和深刻的智性美，更成就了一个伟大民族的血脉精神，是中华民族的文化之根，是华夏子孙安身立命之本。就如北京大学中文系博士生导师卢永嶙教授说的那

71

样："人是有民族的，我们引领着孩子诵读经典的根本是溯源而上——才可见清泓一泉。"我想，文化越来越成为民族凝聚力和创造力的重要源泉，越来越成为综合国力竞争的重要因素。新时代的国学教育是与时俱进的，正因为国学具有这样丰富的内涵，所以研究、推广国学教育有着深远的意义。我们要培养的是具有"世界眼光，中国灵魂"的孩子。用国学经典构筑中华民族的共同家园，这是中华文化的复兴和创新，这也是每一位语文教师义不容辞的职责。

我的第二个学习体会是：为何要学习"国学经典"？

国学教育是最优质的教育，国学经典具有"蒙童养正、幼儿养性、少年养志、成人养德"的巨大教育功用，北京一些经典诵读名校的教学实践告诉我们：他们的孩子经过六年的经典诵读的学习，升入初中后的优势是阅读和作文水平高；学生讲文明，懂礼貌。这些学校的国学教育经历了"自发到自觉到科学规范地学习"这样一个过程。这些学校的实践经验也有力地证明了学习国学不能急功近利，也不能走形式主义，为了孩子们的成长应该坚持走下去。北京师范大学博士生导师王本陆教授指出，提高国学经典教育的教育效能，需要有一个系统的总结和提升；不仅要加强小学生的阅读量，教师也要钻研经典提高自我，这样才能更好地推进国学经典教育的展开。在谈到《论语》与现代教育的关系时，中国人民大学的冷成金教授指出，《论语》与国人生活及现代教育有着密切的关联。他说，人不是生来就爱学习，但必须学习；人不是生来就是孝的，但必须是孝的；人不是生来就是善的，但必须是善的；人不是生来就快乐的，但必须是快乐的。读懂《论语》，孩子才能成为一个内心强大、境界高尚的人。他幽默风趣的语言、独树一帜的视角、鞭辟入里的分析赢得了参会老师的阵阵掌声。专家们高屋建瓴的发言、入木三分的分析，消除了在座老师们心中的疑惑，加深了我对小学国学经典教育理念的理解。作为一名语文教师，上好一堂国学课不容易，但为了自己的专业发展，必须认真钻研，上好每一节国学课，这也是语文教师个人专业素养积累的有效途径。

培训期间，大会组织观摩了"名家报告""国学经典教育成果汇报演出""示范课观摩""国学经典教育经验分享"等活动，还安排了五节年段不同、内容各异的国学课，有《弟子规》《论语》《笠翁对韵》等，进一步阐明了理念与实践的关系。这些都让我深刻地感受到，语文教学需要国学的熏陶，让国学走入课堂，让经典文化浸润孩子们幼小的心灵，让经典文化点亮孩子们的人生，这正是我们所追求的更具魅力的教学所在。

让人耳目一新的是，在国学经典课程的教学实施过程中，教师的教学体系和学生的学法指导。我发现原来国学的教学并不是枯燥地停留在诵读的基础上的，它的"三步六正"教学法、教学环节的"识字环节""文义理解""知识积累""文化感悟""联系实际"等和我们日常的语文常规教学有着异曲同工之处，两者联系紧密，相辅相成。让孩子多诵读、多积累、多感悟，让诵读的内容真正内化，衍变为潜意识、下意识。让孩子领其义，用其义，而不是用其言。而这次我们接触的经典诵读教材是融科学性和趣味性于一体的，它的内容设置了很多适合各年龄段的孩子学习的模块，"寓教于乐"的国学经典诠释方式突破了以往国学经典教育中缺乏趣味性的瓶颈，使学习过程变得形象、生动、活泼、有趣；课堂的教学密度也随之提高了许多，其中一位专家讲的观点让与会的老师们感受颇深：练好童子功，国学经典教育必须从娃娃抓起！

我们老师要做的就是尽最大的能力帮助孩子做好知识储备，厚积薄发，进而升华自己的思想。我们教师要做的是改变目前经典诵读的现状：只停留在记忆层面，如何变成潜意识、下意识的知识储备。但这一切都是靠浸润，而不是靠盲目的灌输。

悠悠国学情，款款北大行，此行真是受益匪浅啊！

"变"出另一片天空

——对《白杨》《别饿了那匹马》课堂教学实录的探讨

大家好！很高兴有机会和大家一起学习语文课例，一起共同研讨交流，再次感谢今天的精彩作课。

今天，研讨的主题是"结合课例学习新课标"。大家思考，怎么学习新课标？如何让新课标与我们同行？我们可以用一个字来概括——"变"。旧变新，繁变简，呆板变灵活，"填鸭"变"讨食"（启发式）。

今天的《白杨》和《别饿了那匹马》这两节课例最突出的一点就是体现了课堂角色的转变。所谓"课堂角色的转变"，其实说到底就是学生成了课堂的主人。因为新课标提出"学生是学习和发展的主体"。课堂上充分体现了这点，在整个教学过程中，我们看不到以往广泛存在且泛滥成灾的"填鸭式教育"，看到的是学生不断质疑，不断释疑；学生在老师的点拨下，思想发生碰撞，不断生成动态的课堂资源，学习氛围浓厚。这就是新课标指导下人文性发挥到极致的展示。

发现这些亮点后，基于学习、借鉴的考虑，我们再来积极探讨形成这一特点的原因，可以总结出以下几点：

一、人性化，课堂模式的"变"

新课标提出："语文课程必须根据学生身心发展和语文学习的特点，关注学生的个体差异和不同的学习需求，爱护学生的好奇心、求知欲，充分激发学生的主动意识和进取精神，倡导自主、合作、探究的学习方式。"《白杨》一课的人性化主要体现在以下几点：

1. 平等民主师生乐

这堂课无时无刻不洋溢着一种和谐、平等的气氛。不管是教师在引导学生时用的话，如"请""让我们""能不能""我有一些心得跟大家分享""我又有心得""自己读，超过老师"等，还是给学生的个性化评语方面，如"提得很好""这个办法真好""总结得不错""理解得这么好""你的发现很独特"等，它们都发挥了重要的作用。整堂课更像是教师和学生在共同探讨、共同学习，让人感到轻松、亲切。

2. 多方互动重引导

纵观整堂课，教师直接传授的部分少之又少，更多的是起到了一种纽带、桥梁的作用。师生互动、生生互动的场面随处可见。课堂中多个关键的问题都是由学生自主提出，而后由其他多名同学各抒己见来解答的。例如，"我不明白爸爸明明是在说树，为什么用了'坚强''不软弱''不动摇'这些写人的词呢"；又如，"爸爸为什么又陷入沉思，他在想什么""爸爸的嘴角为什么浮起微笑"……这些问题充分体现了学生的课堂主人翁精神，体现了学生自主学习的能力。当然，教师的适时点拨在这里也发挥了重要作用，整堂课就是在教师润物无声的衔接中走向文本学习的更深处。

二、层次化，阅读方法的"变"

新课标提出："逐步培养学生探究性阅读和创造性阅读的能力，提倡多角度的、有创意的阅读，利用阅读期待、阅读反思和批判等环节，拓展思维空间，提高阅读质量。"所以，"学生独特的感受、体验和理解"是阅读课的核心要求，而《别饿了那匹马》这堂课就出色地完成了这点。

1. 多种方式读一读

学习本课，我们分别使用了"略读""精读""自读""范读""自由读""反复读""熟读背诵""师生共读"等多种阅读方式，学生在读的过程中能有层次地逐步体会到课文重点段落词语、句子的深层含义，并试着在老师

的引导下，能联系上下文理解及解读文段。例如，在理解"别饿了那匹马"这句话，就用了"反复读"这一阅读方式，学生不仅领会其深层含义，也为后面感悟残疾青年非常关心"我"，希望"我"能多读书，感受到他善良与厚道的品质做了很巧妙的铺垫。这就是在读中悟，在悟中读；在读中交流，在交流中再读，层层递进。

2. 阅读方法传一传

"授之以鱼，不如授之以渔。"在《别饿了那匹马》的教学过程中，我们可以看到这样的场景：教师珍视、尊重学生阅读的独特体验，并适时总结出好的阅读方法，以平等的姿态与学生"分享"收获，这点是很值得赞赏的做法。课堂上，教师有三次与学生"分享心得"。例如，为什么"偷看书的时候，羞愧不已的我根本不敢回头去看他那张瘦削的脸"，为什么"我会继续白看他的书"，为什么"攥着马草换来的毛票，我立即奔向书摊，泰然地坐下来，从容地读着一本又一本的书"。带着这些问题，非常自然地带出"抓住重点词阅读""联系上下文阅读"和"反复思考阅读"这三种阅读方式，并在课堂结束时，对阅读方法及时复习，以强化记忆。

"阅读理解"的背后，常常涉及两种不同的思维方式：创作思维和赏析思维。作者在创作作品时，是饱含感情的，文本会有种种的象征和隐喻，这就是创作思维。但赏析思维不同，赏析思维更多的是一种解剖，它的本质是学习。事实上，我们对于任何作品的阅读，本质上都是学习的过程。通过对作品的层层解剖，甚至对重要段落句子一点一点地肢解和放大，以习得其包含的技巧，以走进作者情感深处，与之产生共鸣。但小学阶段，我们可以尝试着教学生区分事实作者和隐含作者。事实作者曾经存在或者依然存在，是一个有血有肉的鲜活个体。但是，对文本解读来说，重要的不是去挖掘这个事实作者的经历和思想，也不是去访谈活着的作者，而是要通过文本那些基本的语言去建构那个隐含的作者内心的情感。所以，"联系上下文"的学习概念，在高年级段的阅读教学中必须教会学生运用，以便他们在后续的课文学习中能够运用自如。

三、全面化，训练维度的"变"

新课标提出："语文教学要注重语言的积累、感悟和运用，注重基本技能的训练，给学生打下扎实的语文基础。同时要注重开发学生的创造潜能，促进学生持续发展。"这一点在《白杨》和《别饿了那匹马》这两节课的"拓展环节"中都有集中的体现。

1. 造段训练

造段是承句启篇的重要训练形式，也是梳理读后感悟的有效方法。《别饿了那匹马》这一课要求学生把文中"流连忘返""溜之大吉""忐忑不安""泰然从容"这几个词串起来完成一个关于"我"酷爱读书、渴望读书的心理描写片段；根据课文结尾部分的一段话："可是迟了！我已经走进他家的后院，看见了一堆枯蔫焦黄的马草——这些日子我卖给他的所有的马草！那匹马呢？那匹香甜地吃着我的马草的马呢？"设计一个"我"和残疾青年的对话训练，本节课多样的"造段训练"，着力把"提高学生对语言的运用能力"这一基本点落到实处。

2. 口语交际训练

《白杨》一课，针对五年级学生的已有知识和已经学过的语言技能，本课的教学训练内容通过"口语交际训练"环节来进行。课例中，教师让学生以"讨论"和观看图片的形式突破情感理解的重点，但我们认为"口语交际"的形式更为适用。请看：

师：孩子们不知道爸爸的"心"，你们知道吗，能否把这告诉孩子们？

出示句式：我会对孩子们说："＿＿＿＿＿＿＿＿＿"

师：孩子们听了你们这些话，知道了爸爸的"心"之后会对爸爸说些什么？

出示句式：爸爸，我想对你说："＿＿＿＿＿＿＿＿＿"

师：爸爸听了孩子们的话，又会对孩子们说些什么呢？

出示句式：爸爸笑了笑说："＿＿＿＿＿＿＿＿＿"

师：说得好。不仅这两个孩子要好好学习，我们都要好好学习，长大后为西部大开发做贡献。

《白杨》一课很出色，有亮点。教师引导有方，学生积极开展自主学习，整节课的课堂氛围和谐、轻松、自然。不过我们又不免有一点遗憾：课堂元素当中，出现了"语言"，出现了"文字"，出现了"画面"，唯独少了音乐。音乐在语文课堂中的渲染能力是不可低估的。而针对《白杨》这篇课文，恰恰有一首经典的老歌《小白杨》，演唱者铿锵有力的声音和对边疆建设者的真诚歌颂，完全可以在课堂伊始进行播放，以歌曲揭题，激发学生浓厚的学习兴趣，并且能不着痕迹地对学生进行感情上的铺垫和引导；在课堂结束时，我们也可以歌曲结课——师生共唱《小白杨》。此时的歌，既是"唱歌"的"歌"，更是"歌颂"的"歌"——歌颂具有白杨精神的人们，升华本课的主题。

在以后的日常教学中，我们会更全面、更系统地贯彻实施新课标的要求，不断研讨在教学中出现的种种问题，并逐步完善，从而达到提高课堂教学实效这一目的。希望以后我们多组织开展这种结合课例的有时效性的学科探讨，大家一起努力共同进步！

《巨人的花园》教学设计

教学目标

（1）会认会写本课的生字新词。

（2）有感情地朗读课文，能根据课文内容想象画面。

（3）明白快乐应当和大家分享的道理，懂得分享是快乐的，愿意和同学交流阅读感受。

教学过程

（一）导入

（1）同学们，老师知道大家都很喜欢童话故事，现在我们一起来看图片猜童话，好吗？请大家看看这些图片，说说来自哪篇童话。（出示课件，引导学生回顾已经阅读过的童话故事）

（2）你们读的童话真多！是呀，童话伴随我们成长，带给我们快乐！

（3）这节课，我们继续学习童话故事，来自王尔德的《巨人的花园》，请大家齐读课文。

（二）读文

1. 整体感知

（1）自主阅读。（放手让学生独立阅读，运用已获得的方法学习生字，理解词语，了解课文的基本内容）

（2）说话练习：这是一个_____故事。指名说后，教师相机进行点评。

（3）小结：这是一个耐人寻味的故事。

2. 研读故事

逛花园：

（1）这是一个怎样的花园？（神奇的花园）

（2）为什么这个花园会有如此大的变化？（因为巨人的到来）

（3）巨人的花园有怎样的变化？

巨人回来前，花园是什么情景？（阳光明媚　绿树成荫　草翠花开　鲜果飘香）

巨人回来后，花园又是什么情景？（北风呼啸　寒风刺骨　鲜花凋谢　冰雪覆盖）

（4）默读课文，画出有关句子，请你想象仿佛看到了一个怎样的花园？

品巨人：

（1）出示巨人说的话：

① 巨人见到孩子们在花园里玩耍，很生气："谁允许你们到这儿来玩的！都滚出去！"

② 可是巨人又发脾气了："好容易才盼来春天，你们又来胡闹。滚出去！"

③ "喂！你赶快滚出去！"巨人大声叱责。

④ "噢！是这么回事呀！"巨人终于明白。

⑤ 巨人不禁抱住了那个孩子："换来寒冬的，是我那颗任性、冷酷的心啊！"

（2）品读巨人的话，联系上下文，想象画面，体会巨人在行动上和心理上的变化。

（3）巨人最后明白了什么？（没有孩子的地方就没有春天，要与人共享快乐）

（4）巨人给你留下了怎样的印象？这是一个怎样的巨人？你想对他说些什么？

（5）学生小组讨论，汇报交流，教师相机进行点评。

（6）小结：回顾课文内容。

（三）续写

（1）作者采用了哪些不一般的写法？

（2）学生默读课文，思考，小组讨论。

（3）指名交流，教师随机进行点拨。

（4）续写故事，加深理解。

（四）拓展

拓展1：

午间，当我静静地为自己心爱的小绘本画完最后一笔的时候，恰巧妈妈走进了我的房间，看到后大发脾气，"不睡午觉！又在做无关紧要的事情！"一把夺过我手中的绘本要撕。

"不！妈妈！别撕！"我哭喊着。

"涛涛，你已经10岁了，是一名四年级的小学生了，怎么还这样贪玩？不懂事！只要你数学考满分，妈妈就把绘本还给你。"

说完，妈妈把绘本没收转身拿走。

没有孩子的绘画本就没有春天。

拓展2：

这节课，老师＿＿＿＿＿＿＿＿＿＿＿＿＿，同学们＿＿＿＿＿＿＿＿＿＿＿＿，"＿＿＿＿＿＿＿＿＿＿＿"就没有春天。

教学反思

续写故事环节，是围绕故事结尾"醒悟后的巨人在行动上和心理上的变化"来设计展开的。这样设计，既让同学们了解这个童话故事的意义，又扩展开来，引领学生进行课外阅读，同时注重同学们综合应用能力的培养，做到读写的有机结合，让学生多方面受益。

《威尼斯的小艇》教学设计

设计理念

语文教学不仅仅是为了让学生学到教学内容中显性存在的语言文字，更要让学生领会到内容中隐性存在的情感、思维和精神，这样才是全面、完整的语文教学。

设计特色

帮助学生透过语言文字，探究内在的课文思路。

设计过程

（一）释题，猜测文章写作重点

（1）板书课题：《威尼斯的小艇》。

请学生释题："威尼斯"是意大利的一座古城，"小艇"是一种船。

（2）从课题看，文章的重点应写什么？

（3）这篇文章是怎样来写威尼斯小艇的？请同学们自读课文。

设计理念：让学生充分地审题猜想，以拓宽学生的思路，尝试运用"读文画艇，读文写批注"的方法，引导学生理解课文"河道纵横交叉，小艇成了主要的交通工具，等于大街上的汽车"这一中心内容，了解威尼斯独特的风情，为下文学习"抓住事物特点写具体"打下感性理解的基础。

（二）初读，探究文章写作中心

（1）学生带着问题初读课文，要求：①通读课文；②了解大致内容；

③发现疑问；④找出中心句。

（2）交流：你认为文章主要写了什么？

写了小艇是一种交通工具；写了小艇的外形特征；写了船夫的驾驶技术特别好；写了威尼斯的夜景。

（3）你们认为文章的中心句应该是哪一句？

讨论、辨析得出："小艇成了重要的交通工具。"

设计理念：本课教学设计将小艇作为贯穿全课教学的主线，课始让学生通读课文，对全文有一个整体的了解，是提高阅读效率必不可少的第一步。

（三）研读，探究文章的行文思路

（1）"小艇成了重要的交通工具"是中心句，那么文章应处处围绕这一句来写。请大家细读课文，文章的哪些部分都在有力地说明"小艇是重要的交通工具"？

（学生自己研读、思考、圈画、讨论、交流，并准备陈述理由。）

（2）交流自学、讨论思考结果。

设计理念：这一环节要充分尊重学生的自学成果，让他们全面陈述自己的思考过程，允许同学质疑、争论、补充，达成共识，以获取对课文内在结构的理解，学会读懂文章。

重点讨论以下要点：

① 写小艇的"形状"，说明小艇是"重要的交通工具"。理由：像独木舟，像天边的新月；行动轻快、灵活，像田沟里的水蛇，船舱舒适、讲究——适合人乘坐。

② 写"船夫驾驶技术好"，说明小艇是"重要的交通工具"。理由如下：

a.船夫驾驶技术好是"熟能生巧"——人不离船，手不离桨。

b. 船夫驾艇"操纵自如，挤进挤出，船速极快"——适合作为重要的交通工具。

③ 写"商人、女人、小孩、老人都雇艇外出活动"，说明小艇是重要的交通工具。理由如下：

a.什么人都得坐船才能外出。

b. 不论干什么工作都需要船。

④ 写"威尼斯的夜景"能不能说明"小艇成了重要的交通工具"？（这部分是理解的难点，要让学生在充分讨论后写写自己的阅读感受。）

启发思考：

a. 为什么剧院门口人散艇散？

b. 威尼斯的夜晚在什么情况下变得静寂？

（"水面沉寂"后，小城也就"静寂"。）

c. 讨论交流，让学生体会到：艇停城静，艇动城闹。说明威尼斯古城的热闹与静寂是和小艇的动与静密切相关的，艇不动了就说明人们也停止了活动。所以，夜景也说明小艇是小城重要的交通工具。

设计理念：这一环节采用批注式阅读法，放手让学生自主阅读，然后发表自己对课文的独特感受。一是学生做到人人在课堂动脑筋，既锻炼了思维能力，又锻炼了记笔记的能力，利于养成学生"不动笔墨不读书"的良好习惯。二是充分尊重学生，以"小艇与威尼斯的夜景有什么关系呢？你从课文哪些地方看出来的？"这一问题入手，让学生自读自悟，教师只是在学生遇到困难时给予帮助（也即孔子所谓"不愤不启，不悱不发"），体现了学生自主学习、自主探究的新理念。这一环节，学生动口——读，动手——记，动脑——想，调动了学生的多种感官刺激，提高了课堂的学习效率。

（3）学生再读课文，体会文章结构的精妙，想一想作者是怀着一种什么样的心态写威尼斯的小艇的？（让学生根据自己的体验来回答。）

（四）迁移，学习文章的写作方法

（1）出示第3和第4自然段：

威尼斯的小艇有二三十英尺长，又窄又深，有点儿像独木舟。船头和船艄向上翘起，像挂在天边的新月，行动轻快灵活，仿佛田沟里的水蛇。

船夫的驾驶技术特别好。行船的速度极快，往来船只很多，他操纵自如，毫不手忙脚乱。不管怎么拥挤，他总能左拐右拐地挤过去。遇到极窄的地方，他总能平稳地穿过，而且速度非常快，还能作急转弯。两边的建筑飞一般地往后倒退，我们的眼睛忙极了，不知看哪一处好。

（2）你认为这两段话有哪些写作方法很值得我们学习？学着作者的方法，任意选一段，试着仿写。

（3）出示赛车图，播放一段赛车的录像。

设计意图：本环节设计源于部分学生缺乏把段写具体的方法，因此，为学生提供图片、录像，让学生把工夫花在"写具体"上。创设了学生进行语言实践的机会，拓展了学生学习的空间。

（五）作业超市

1. 必做

（1）有感情地朗读课文；背诵第1—4自然段。

（2）第2或第4自然段，任选一段仿写。

2. 选做

（1）抄写自己喜欢的句子。

（2）仿写第2和第4自然段。

（3）收集苏州和威尼斯最有代表性的图片各一幅，比较异同点，再为每幅图配一段文字。

设计理念：采用菜单式作业，学生除必做作业外，可根据实际自选一些适合自己的作业做。这样"下保底线，上不封顶"，并且在一定程度上减轻了学生的心理负担，解决了一些学生"吃不饱"的问题，实现了"因人作业"。

板书设计

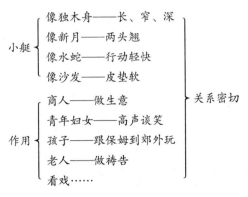

威尼斯的小艇

小艇 ── 像独木舟——长、窄、深
　　　像新月——两头翘
　　　像水蛇——行动轻快
　　　像沙发——皮垫软

作用 ── 商人——做生意
　　　青年妇女——高声谈笑
　　　孩子——跟保姆到郊外玩
　　　老人——做祷告
　　　看戏……

关系密切

　　设计理念：这个板书设计直观、简洁，以内容为主，抓住了文章最主要的部分，有助于学生理解课文，提高概括能力。

教学反思

　　要把学习方式由被动接受转变为学生的自主探究，关键在于设计好富有挑战性的问题情境。本案以中心句"小艇成了重要的交通工具"探究课文是如何处处围绕这一句来写的，具有较强的穿透力。如此，以一题统领全文，不仅产生了以简驭繁的解读效应，而且也能真正赢得"学生自主探究"的时间和空间。

《有趣的"观察日记"》教学设计

教学目标

（1）通过观察具体实物，学习正确的观察方法。

（2）完成观察日记一则，写出自己观察中最感兴趣的地方，还可以写写自己印象最深刻的收获。

（3）日记格式正确，内容具体有新意。

教学重点

指导如何仔细、正确地观察事物。

教学难点

把观察到的内容有条理地写下来，要求重点突出。

教具准备

猕猴桃一个、橘子若干、榨汁机、一次性杯子、酒精灯、打火机、过滤网、过滤网架。

教学过程

环节一：游戏激趣

设计理念：游戏的导入符合中年级孩子的特性，可以活跃课堂气氛，使学生由静到动，把学生的情绪调动起来，积极投入新内容的学习中。

环节二：巩固复习

设计理念：本环节依托文本，紧扣本单元训练目标，文本复习，切入观察方法的指导，为新知识的讲授做好知识点的链接铺垫。

环节三：观察六法指导

（1）"摸"。

（2）"看"。

设计理念：中年级学生好奇多动，生活中的他们喜欢观察，也善于发现。但是根据艾宾浩斯的遗忘规律，孩子们一下子得到的信息太多，就会遗忘快，因此，老师先带领其学习归纳整理信息的方法，用下手玩的方式呈现此小环节的信息，也体现了中年级语文作文教学"先扶再放"的认知规律。

（3）"听"。

设计理念：启发孩子们丰富的想象力，让求异思维发散，尽可能让孩子们多角度观察橘子实物时，感受大自然的植物生长的魅力。同时，要充分利用课堂中生成的动态资源服务于作文教学，让孩子们"我手写我心"，看见什么，发现什么，就写什么。

（4）"闻"。

（5）"玩"。

（6）"尝"。

设计理念："榨果汁、烧橘子皮"的实验生动有趣，很吸引孩子，动手实践，印象最深刻。在"玩"的过程中，孩子们组成合作小组，进行多方位观察，各抒己见，不断有新的发现。"橘子"带给孩子们的不仅是直观的感受，还有它的用途，由此而激发产生的关于"果园生长"的联想等，由此带来的是立体呈现的一个"橘子"，感性认识的一个"橘子"。

环节四：日记写作指导

设计理念：

（1）将学习方法归纳，并用儿歌形式呈现出来，由读学写，以写促读，这符合中年级学生的认知学习心理。

（2）在写作方面，三年级孩子的习作偏向于概括性表达，什么内容都

88

写，主次不分，所以此环节重在引导学生细心连续观察，并指导学生按一定的顺序，详略得当地将自己最想写的、最感兴趣的部分写具体，做到重点突出，避免面面俱到。

环节五：作业

设计理念：此环节既巩固了本单元习作方法，留的作业又能让孩子们的习作上一个台阶，拓宽了孩子们的思维空间，在深度上有所发掘。一个东西，多种写法，让孩子们可以灵活运用素材，写出不同风格的文章。

《秋天的雨》教学设计

教学目标

（1）会认会写本课的生字新词。

（2）读懂课文内容，感受秋天的美好，读出对秋天的喜爱和赞美之情。

（3）积累文中的好词佳句，能运用自己积累的语句选择描写某一个季节的雨景。

教学过程

1. 欣赏秋色，寓情导学

（1）同学们，老师拍摄了一组秋天的照片和视频，想请大家看一看。（出示图片、视频。）

（2）同学们喜欢秋天吗？

（3）今天，我们就一起学习第11课《秋天的雨》。

2. 品读课文，感受美好

（1）教师范读课文。

（2）学生自由朗读课文。

（3）秋天的雨给你留下了怎样的印象呢？能用一个词语或一句话来形容一下吗？

（4）请同学们再读课文，注意秋天的雨有什么特点？为什么说秋天的雨，是一把钥匙；秋天的雨，有一盒五彩缤纷的颜料；秋天的雨，藏着非常好闻的气味；秋天的雨，吹起了金色的小喇叭；秋天的雨，是丰收欢乐的歌？

（5）学生学习交流，老师相机指导点拨，引导学生自悟。

（6）检查反馈。

（7）教师指导朗读课文，这么美的情景如何朗读呢？先自己读读，有什么好的经验可以告诉大家。（师生共同分享朗读经验。）

（8）学生朗读展示。（注意朗读形式多样，引导学生读出自己的感受。）

3. 出示画面，积累语句

（1）秋天的雨，真是把神奇的钥匙！趁大家没留意，把秋天的大门打开了。同学们都说说看，你们看到了一个怎样的秋天？

画面一：（出现银杏树）你会想起我们上节课积累的哪些词语或句子？

画面二：（出现枫树枫叶）你又会想起课文的哪些词语或句子？

画面三：（出现菊花）说说自己积累的句子。

画面四：（出现田野橘子、柿子）说说自己积累的句子。

（2）积累背诵，自主识记。

（3）交流展示。

4. 入情入境，理解感悟

（1）秋天的雨不但有五彩缤纷的色彩，还藏着好闻的气味。把小朋友都勾住了，你从中感受到了什么？

（2）请同学们发挥想象，写一写小朋友被香味勾住会是怎样的呢？假如你们也在那里，会怎么想？怎么做？

（3）来！大家拿起笔来，接着课文的第3自然段写一两句自己心里的话。

（4）秋天的雨多香啊！同学们带着自己的感受、想象，美美地朗读课文吧。（学生有感情地朗读课文）

（5）同学们真会读书。在阅读中我们感受到了秋天的美好、快乐，体验到了秋天丰收的喜悦、幸福。

5. 拓展延伸，丰富文本

（1）学生展示搜集的有关秋天的材料。

（2）秋天的雨又美又香，秋天的雨是丰收快乐的歌。那么，春天、夏天、冬天的雨又是怎样的呢？

（3）课件播放春、夏、秋、冬雨的情景。

（4）同学们也来写一写看到的雨景吧。

教学反思

著名语文教育专家周一贯老先生曾说过这样一个观点："在理想和现实之间寻找语文教学的真谛。"在教学中，我们该如何看课？如何看一节日常课？我个人认为应注重以下三个方面：

1. 要本质地看

从学科的本质看，所教授的内容符不符合语文学科的本质；从学生的本质看，有没有促进学生的素养发展。

《秋天的雨》是一篇抒情意味很浓的散文，名为写秋雨，实则写秋天。以秋雨为线，秋天众多的景物为珠，红线串珠巧妙地写出秋天缤纷的色彩、丰收的景象，以及各种动植物备冬的情景，从整体带出一个美丽、丰收、欢乐的秋天。使学生通过课文生动的描写，体会秋天的美好，感受课文的语言美。

2. 要辩证地看

我认为"没有缺陷和遗憾的好课"是不存在的。反过来，"毫无启发性的差课"也是不存在的。这就是"智者千虑，必有一失"，而"愚者千虑，必有一得"所讲述的道理。

上完《秋天的雨》，个人感觉完成比较好的教学目标有指导学生进行多种形式以及富有感情地朗读课文，一遍又一遍地读。学生感受到课文语言文字的美，想象着秋景的美，品味课文的意趣。让学生从感知到领悟，品出了味，悟出了情，也悦纳了美好的语言。

3. 要个性地看

这一点非常重要。因为我们的课堂应该是个性化的、富有创造性的，如果过分地拿一个标准去套每一节课，我们能学到、能交流的东西就会很少很少。

泰戈尔在诗中说："儿童那个地方，有着成堆的金子和珍珠。"我把这"成堆的金子和珍珠"理解为儿童自己的思想和美好的情感体验。《秋天的雨》一课的亮点就在于总是试图将课文里一些描写得细致、精准的词汇和句子和学生的生活实际、情感体悟结合起来，这种结合，让本次的教学课堂充满诗情画意，充满情趣。例如，请学生表演朗读，将语言转化为更生动活泼的动作。小学生生性活泼，通过表演激发学生的阅读兴趣，让课堂活起来，既符合学生的年龄特点、认知规律，又使课文内在情趣和学生自身的情趣相得益彰。

人的一辈子离不开阅读，人的一生应是一个阅读的人生。阅读是什么呢？用我个人的理解来说，那就是透过词汇展开想象，通过阅读展开想象，在理想和现实之间寻找语文教学的真谛，在阅读中引导学生多角度地观察，多角度地思考。同时，在阅读到了一定的程度的时候，引导孩子把心中的话写下来，创造性地阅读和创造性地写作是学生真实表达自己内心思想和体验的两条途径，这两条途径在语文学习当中都是十分重要的。

《生命是一片蓝蓝的天》教学设计

教学目标

（1）教师讲述一（4）班赖宇键同学患病情况。

（2）学生互相交流，说说自己想为赖宇键同学做些什么。

（3）用诗歌形式把自己内心真实的感受表达出来。

教学过程

1. 作前指导

（1）再现具有象征意义的景物：太阳、蓝天、地球、班级合照。

（2）学生回答：看到这些景物，你联想到什么？

太阳很温暖，它每天无私地为万物奉献出光和热。

蓝天非常高远、辽阔，它可以任鸟儿快乐地飞翔。

地球是人类共同的家园，班级是我们共同的"家"，同学们要团结友爱。

把这首诗剪贴成三个画面，配合诗句画图，完成立体的"屏风小诗"。

2. 当堂习作

清楚诗歌要求，依照诗的意思，把诗分成三小段。

生命是一片蓝蓝的天

廖　想

爸爸说太阳像是一张脸，

很红很红的一张脸，

太阳每天从东边走到西边，

我们才能分清黑夜和白天。

爸爸说地球像是一个圆，

很大很大的一个圆，

地球每天绕着太阳转圈圈，

我们才会长大一年又一年。

爸爸说生命像是一片天，

很蓝很蓝的一片天，

世界每天都在改变一点点，

我们要珍惜在一起的美好时光。

堂上评价

1. 师生共赏

师生欣赏并朗读优美的诗歌作品。

2. 实作互评

（1）找出用得最美的词语。

（2）说出最欣赏诗中的哪一句话及欣赏的理由。

（3）说说自己是怎么根据要求构思写这首诗的。

课后仿写

完成一首跟"动物、色彩、人、水果、爱"主题有关的诗歌。大胆想象，发挥创意，还可以加插图，插图要配合诗的内容，有时间的话还可以为其着色。

教学反思

一直在思考"如何开展儿童诗教学活动"，个人觉得儿童诗应该根据文

体特点进行教学，不适合进行分析性阅读，而应该多以朗读为主，在朗读中感受和体会。儿童诗一般比较短小，教师可以选择一组相关的儿童诗来进行比较阅读。根据《通向儿童文学之路》中提供的思路，大致有以下这些阅读教学活动：

1. 吟诵和朗读

吟诵和朗读在所有的儿童诗教学活动中都应该重点使用和安排，频率和方式可以根据儿童诗的特点、篇幅做灵活处理。选择以吟唱与诵读为主体的诗歌朗读教学，应该注意作品的朗读效果，组合多种朗读方式并配合聆听活动，同时要注意渗透诗歌的其他教学内容，朗读语气要自然。

2. 诗配画欣赏

许多诗歌作品都富有诗情画意，诗配画是传统的诗歌教学活动，教师可以自己挑选最为契合诗歌境界的名家经典画作，协助对诗歌画境进行解说，也可向学生征求最能反映诗歌意境的美术作品。如果是学生自己配画，要求不宜太高。

3. 阅读链接

在学生有一定诗歌阅读积累后，在诗歌教学中应该唤起学生的经验，引导他们进行开放式的联想与链接，链接的方式可以多样化。比如，中外同题诗歌、同一作家的多篇诗作、古诗和现代白话诗等，还可以在诗文比较中加深对诗歌艺术的理解和体会。

4. 阅读拓展

提供相关的新的阅读资源。当作品内容单薄或抽象时，可以引进新的阅读资源进行支持和补充，以实现延伸性学习，但应该注意新资源的适量和适度，分清主次。也可在课堂教学结束时，将新阅读资源作为课外内容布置，发挥巩固学习成果的功效。

5. 阅读和写作

即使是低年级学生，也可以鼓励学生仿写或摹写，只要是有感而发就一定有可读性。课后的写作和课堂中的即兴创作，都是积极的诗歌反应和有意义的诗歌学习。尝试性的诗歌创作最好有学生的普遍参与，无论写作质量如何，都应该给予正面的评价。

同课异构，教学相长

——2017年区域四校教学研讨活动感想

在老师们的努力下，安排得满满当当的一整天区域四校教学研讨活动圆满结束了。静下心来，总结本次活动，从学校教学管理层面上看，这次的"同课异构"带给我们的是一个发展的警示、交流的平台和展示的机会，也为打造一个团结、自信、敬业、创新的区域教师团队搭建了专业成长舞台，为提高区域教师文化素养和教学能力提供了一个扎实有效的抓手。

一、基于警示的一次"同课异构"

我们一线教师常常会按照自己固有的经验和习惯来完成学科的教学任务，对于课程体系，很多时候会忽略或没有考虑深层次的教学内容并根据学情进行有针对性的探讨。"年年岁岁书相似，岁岁年年人不同"。让学生接受程式化的、经验式的固定教学模式，肯定不能达到最好的效果。更何况现在的教学，早已不是简单的知识传授。直观我们今天的"同课异构"，也就成了警示教师审视自己、正视差距、直面课改的最有效的途径之一。

二、基于交流的"同课异构"

既然是"异构"，就需要调动更多的教师参与到活动中来。今天，我们做到了！有来自深圳的水田学校、东莞的洋洋学校、博罗的东园学校……今天的"南实"济济一堂，非常热闹！参与就是一种态度，大家看到，各兄弟学

校的领导、评委和老师们早早来到，以积极的态度参与了活动，让人感动！我们还看到，每位上课教师精心准备、因材施教，表现出了不同的教学风格，精彩的课堂演绎，让人喝彩！一堂课，如何关注学情，如何打造高效课堂，最好的标准是什么，应怎样评价课堂实效……诸如此类的问题，在今天的活动中，都是热点问题，每个学科组在下午的评课环节都进行了深度的探讨和交流，大家坐下来，自我剖析、自我反省，一起总结、一起提升，这就是"同课异构"的核心意义所在。因为，没有交流和分享，就没有"同课异构"。"异构"的过程就是一个交流的过程，相信今天在座的老师都会有不同的收获，也都能真切地感受到"同课异构"的活动特点，分享区域校际之间研讨的快乐，并在不断的交流中感受到"同课异构"的魅力，共享了"洋洋教育"的丰富资源，当然，最重要的一点是活动还增进了我们彼此之间的友谊！

三、基于合作的"同课异构"

众所周知，"同课异构"面对的毕竟是陌生的环境、不同的学生，还需要和兄弟学校的教师进行同台PK。刚开始，可能大家都会预想一些上课遇到的困难：陌生的课堂能否顺利完成教学目标，能不能很好地把自己教学最闪光的一面展示出来呢？一天满满的活动下来，我们发现这种担心是多余的。因为大家看到了一位位青年教师自信而多样的教学课堂、巧妙而流畅的教学设计、自如的课堂驾驭能力；看到了老师们不仅把本次的"同课异构"活动看作展示自己教学基本功的平台，更看作为学校争光的一次好机会；同时，我们还欣喜地看到今天承担"同课异构"活动的四所学校，就是四个齐心协力、精诚合作的教学团队。

同课异构，教研的有效抓手！感谢今天的活动带给我们美好而有意义的一天！

下 篇

活 动 拓 展

课外阅读指导系列

◆·*美丽书世界，阅读伴我行*·◆

"小学成绩具有迷惑性，不阅读的孩子都是潜在的差生。"

"小学欠下的阅读账迟早是要还的。"

"高考改革，得语文者得天下。"

从学业角度的观点上看，阅读的重要性毋庸置疑。从一个人的精神层面需要来说，阅读是一个人精神成长的基石。阅读非常有价值，现阶段，学校和家长都应该高度关注孩子的阅读数量和阅读质量。在此，我想就"让孩子读什么书""低年段亲子阅读有哪些误区""如何借力保持高年段孩子的阅读动力"这三个问题谈谈个人的看法。

一、对于阅读刚起步的孩子，家长如何挑选童书呢

1. 对于阅读，选择童书要遵循总原则

挑选童书时，要考虑的重点是，我们在替哪个年龄段的孩子选书。比方说，五岁的孩子与三岁或七岁的孩子相比，喜欢且能够理解的书就不同，所以我们需要挑选适合孩子年龄的书。以下几点细节供参考：

（1）最好的儿童故事具有简单的文本、明亮缤纷的图画，以及圆满快乐的结局。太长或太难的书会让孩子感到挫折，甚至可能破坏他们对于文学作品与阅读的乐趣。

（2）孩子对于幻想故事的反应是很高兴的，特别是有关动物的行为举止像人类的那种故事。

（3）孩子喜欢和他们自己有关的故事：典型的童年经验的故事。小男生喜欢关于男生的故事，小女生则喜欢关于女生的故事。

（4）儿童故事应该包含正面的角色模范：角色的行事要能够接受，或是得到鼓励。

（5）孩子到了高年段，家里的童书多起来了。但是，我们是否注意到一个普遍现象：家里藏书多，孩子读书少。不少孩子都有属于自己的小书架，但是如果问一问孩子书架上的书都读过吗，那么答案十有八九会让父母失望，从头到尾认真读过的书不过少数几本，能反复阅读的就更少了。父母认为好的书，孩子不感兴趣；孩子喜欢的书，家长认为不值得读。我的看法是，孩子应该有更多的选择权。

2. 对于阅读过程，关注阅读能力提高的两个条件

两个阅读条件：一是持续性和连贯性，即阅读习惯的培养，要每天有固定的阅读时间，而不可以喜欢就读读，不喜欢就不读了，这样难以养成好习惯；二是阅读量的累积，没有量的累积，就没有质的提升。大量的阅读才能提升孩子的阅读能力和阅读品位。

（1）如果书籍不足够吸引孩子，孩子是难有耐心达到以上两个条件的，阅读能力也就无法实打实提高。带孩子去书店或图书馆，让孩子自己随便选，只要去的次数足够多，孩子最终将发现自己的兴趣所在，读书的劲头就会大大增强，随势而引最聪明。

（2）读书，可以任性一点。即使是偶尔读些"垃圾书"，也没什么大不了的。孩子到了中高年级，身边会出现一些流行读物。对此，我认为不必制止，就像我们有时吃腻了大餐，也可以吃一顿麦当劳，害处并没有想象的那么大。如果你不给孩子吃麦当劳，孩子也会想方设法去尝尝味道，不如让他们自己经历这样一个过程。当然，家长对这样的书，可以有一个鲜明的态度。比如："这种书你可以借着看，或者到书店读，我不反对，但我不同意你把它们买回家。"可能一段时间后，孩子对于曾经无比迷恋的流行读物突然没了胃口，随之回到一个有选择、有价值判断的阅读轨道上来。

（3）一方面，读书给孩子选择权；另一方面，家长需要重视学校的推荐

阅读。学校对于阅读的重视，在塑造孩子的阅读习惯上，往往事半功倍，理由很简单——孩子愿意听老师的话。而且，老师因教学需要，往往会针对课本补充阅读，这是家长不太会有的视角。家长们要重视老师的阅读推荐。

二、低年段阅读，如何走出"亲子阅读"的误区

每日讲"睡前故事"，很多家长已经有很好的心得体会，但是要提醒自己不要走进亲子阅读的"误区"。"亲子阅读误区"归纳起来有以下几种：

1. 拼命教孩子识字

为何要进行亲子阅读？因为孩子小的时候认字不多，所以总会缠着父母讲故事，这是父母的一门必修课。很多父母到书店一看，一本图画书要二三十元一本，书上还没几个字，花同样的钱还不如买一本字多的，这就是一个"误区"。

孩子的想象力往往源于图画，图画书是最好的阅读启蒙。有的家长在孩子很小的时候，喜欢疯狂地购买识字卡片，逼孩子识字，可"认字不等于阅读"，更不大可能让孩子爱上阅读。

父母把阅读当作丰富孩子知识和语言表达能力的工具，却忽略了阅读本身的规律，使孩子产生厌恶阅读的情绪。一个养不成阅读习惯的孩子，认识再多的字也没有用。

2. 不厌其烦地提问题

家长给孩子买了一本书，陪着孩子读完之后，经常出现的坏毛病就是拼命提问题。"小鸡是吃什么的？兔子长几只耳朵？"如果家长同时还表现出情绪上的着急，就更糟糕。以至于以后孩子每读一本书，都心存恐惧："妈妈会问我什么问题呢？"

一位父亲或母亲，把孩子抱在膝盖边，陪他一起读书是最温暖的时刻，但这种氛围往往被"急功近利"的问题破坏。当书变成工具，阅读方法也变成工具时，孩子会十分厌倦。

3. 把书直接丢给孩子

很多家长借口工作太忙、太累，或忙于在手机上刷屏，买了书就丢给孩

子自己读。没有父母的陪伴，低龄的孩子往往被声色更具刺激感的电视吸引去了。

亲子阅读的正确读法是：孩子一边聆听爸爸、妈妈的声音，一边用眼睛细细地读图，亲近文字。亲子阅读的时间并不需要很长，每天只要"温馨一刻"就足够了。

4. 把"亲子共读"当成"道德教育"

亲子共读与我们之前提倡童书的"教化""教育"等作用不同，更强调让孩子在潜移默化中感受阅读的美感和快乐。

但家长在给孩子讲故事时，常常希望孩子们懂得"这个故事告诉我们……"这种爱提炼"中心思想"的坏习惯不应用于亲子阅读。好的图书构思已非常完美，不需要添油加醋，也不需要再添枝节。

"早期阅读教育的根本目的，就是培养孩子良好的阅读习惯。书是拿来吃的，书是拿来玩的，书是能跟爸爸妈妈在一起的工具，是能带来快乐的东西。"

三、如何借力保持高年段孩子的阅读动力

1. 给孩子找几个书友

一项针对美国南方某大城市里在校的272名11～19岁的青少年学生的研究表明，同辈群体之间对文学阅读行为的影响是明显的。调查中向这些青少年提了这样的问题：在阅读材料的选择上，是谁最可能对他们产生影响？父母、友伴，还是最要好的朋友？从回答的结果看，38.9%的学生回答是友伴，33.5%的学生回答是父母，27.6%的学生回答是最好的朋友。可见，友伴和最好的朋友的影响是显著的。

《哈利·波特》为什么热销全球？在一段时间里，中小学生几乎人手一册，以至于很多人开始坚信"人是天生爱阅读的"。为什么会出现这种全球性的迷恋，难道这本书好看到每一个人都喜欢？我以老师的便利就这个疑问采访了好多同学，事实上有一部分孩子读了以后也并不觉得怎样，特别是《哈利·波特》的后面几部，甚至还有一些孩子本身就对这种魔幻想象小说不感兴

趣。但是，当他的同伴都在读《哈利·波特》，而自己没读过，那么他就觉得自己无法加入同伴之间的文学对话语境，显得自己孤单和掉价儿。为了和同伴取得协调，自己得赶紧找那些作品来读。

深圳的一位老师这么说过："深圳有很多家长现在买书，同一本书有时买五六本。为什么呢？这些家长把一本送给自己的孩子，其他就送给孩子要好的朋友，因为当其中一个孩子对阅读表现出懈怠、厌倦的时候，他的朋友却仍在传递着对于书的正面积极的态度，这种对书的正面积极的态度反过来会影响所有人。"

南昌的一位校长也在推广儿童阅读，可是她自己的女儿对阅读的兴趣一般。想了种种办法，效果都不明显。后来，利用中午时间，她开设了一个阅读社团，把高年级的几个酷爱阅读的孩子召集在一起聊书，她利用自己的"校长职权"，让女儿也加入其中。一段时间之后，她发现女儿对书的热情在迅速提升。

2. 扩展阅读"群体动力学"

良好的阅读氛围是可以感染周围人的。阅读的"群体动力学"，我们可以把它扩展至教师群体。一个老师对于书籍和阅读的挚爱和热忱，会在与学生交流阅读心得时自然地流露出来，感染学生，从而转化为开启学生阅读热情的良好的情绪氛围。

在安妮·弗朗索瓦的《读书年代》里有这样几句话："我的书里塞满了各种琐粹玩意儿，比如旧时的信笺、购物清单……它们总是伺机透露一些被遗忘的秘密。书有两个生命，它们讲述自己的故事，也见证了我的生活。看到书架上的一本书，跟随在复习它的内容之后，是我阅读它的那段时光的记忆，思想随着文字起伏，在哪个标点处波动，在哪段结尾卷入情绪，全部都翻涌上来，重新演绎一遍过往。我阅读书本，它们也在观察我，不动声色地把我的生活拓印进它们的身体里。"

是的，书里有着神奇的大千世界！"美丽书世界，阅读伴我行"，让我们启航吧！

◆·*我们一起读《草房子》吧*·◆

一、分享目标

（1）在各自通读完整本书的基础上交流阅读感悟，加深对作品的理解。

（2）采用"读书分享会"的形式，促使个性化阅读与合作性阅读的融合。

（3）透过文字，深刻感受作品所表现出的真善美的人文魅力，体悟作品的生命诠释。

二、课前准备

（1）学生人手一册阅读《草房子》，课堂组织观看《草房子》影视作品。

（2）学生以小组为单位选择书中的一个人物形象，完成一段文字描述。

（3）背景音乐准备。

三、分享过程

1. 书中的童谣导入

这些童谣都来自最近大家在读的《草房子》，你喜欢读这本书吗？

2. "心心相印"（解读人物）

（梳理书中的主要人物及事件，提炼人物品质，找到生活中这些人物的影子。）

师：大家都说自己喜欢这本书，那老师要考考你们对这本书里的所有人物是不是都了如指掌。

师：我们来玩游戏"猜猜他（她）是谁"，请根据具体描述说出这个人物是谁。

师：她是一个非常善良的农村妇女，她很勤劳，辛苦了一辈子，她和油麻地小学有着一段不解之缘，很少有人愿意搭理她，甚至有人认为她很可恶，

她曾经两次落入水中，她是——

生：秦大奶奶。

师：对！她第一次落水是为了——

生：救人。

师：第二次落水是为了——

生：救南瓜。

师：他们是热爱土地的一对夫妇，总是做着关于土地的美梦。他们是——

生：秦大夫妇。

师：看来大家和书中的人物达到了心心相印的程度了。

请每组同学商量好，选好一个人物，写好一段关于他（她）的描述放在信封里。

＊桑乔　＊蒋一轮　＊桑桑　＊杜小康　＊细马　＊秃鹤　＊纸月

师：通过同学们刚才的分享，细数了一下，作家曹文轩在这本书里为我们描述了大大小小二十几个人物，在这些人物形象中，你最喜欢哪一个？说说他（她）的故事。

（生各抒己见，师及时点拨，提炼人物品质。）

师：刚才大家谈得最多的、能引起共鸣的还是《草房子》里的那些年龄和你们相仿的孩子，在这么多儿童形象当中，你有没有隐隐约约找到自己或你周围人的影子呢？

（生说自己或周围人与书中某个人物的相似之处，感受书中人物形象来自生活，拉近和人物形象的距离。）

师：聊着聊着，老师似乎来到了《草房子》，来到了油麻地小学。我的眼前出现了这样一些画面：桑桑带着我们改造他家的碗柜，细马带着我们放羊，杜小康带着我们到芦苇荡数鸭蛋，我似乎还看到纸月带着我们在走山路，从板仓走到油麻地小学。就让我们一起去油麻地小学，怎么样？

3."**精彩回放**"（**品味语言**）

（分享书中精彩段落，感受作品的人文魅力。）

师：你看到的油麻地小学是一所怎样的学校？

（生说草房子在头脑中的印象。）

师：油麻地小学是一所与众不同的学校。在书中对它的环境有一段精彩的描写，让我们来回顾一下。我们进入今天谈话的第二个板块："精彩回放"。

（师配乐引读描写草房子的一段文字，师生合作朗读，引起共鸣。）

师：在音乐中，在朗读中，你有没有看到满目金色的草房子？有没有感受到"在春风里战战兢兢如孩子般可爱的麦苗，在五月的阳光下闪烁着光芒的金子一样的麦穗"？能谈谈那种真切的感受吗？

（生品味语言后，再说感受。）

师：这如诗如画的草房子可是油麻地一道亮丽的风景。这些文字可以把我们带到一个古朴、华贵的天地。

师：书中这样精彩的描写还有很多。你喜欢哪些段落或句子呢？各小组先商量一下，确定内容，练习练习，稍后大家一起分享。

（生小组讨论确定分享内容，练习朗读，感受情境。）

师：小组展示，其他同学仔细听，认真看，试着想象同学朗读文段背后的画面。

师：听了他们的朗读，你有什么感受？

（生评价，谈欣赏后的感受。）

4. "真情告白"（感悟祝福）

（师在"精彩回放"环节给学生创设了情境，引起了共鸣，让学生适时表达对书中人物的关切和祝福。）

师：刚才同学们分享了内心的感受，让我们来一次"真情告白"吧！

（生对书中人物表达关切和祝福。）

师：同学们说得真好！你们的分享让我们看到了来自作品里的一幅幅真善美齐全的画面，仿佛看到了一张张天真无邪的笑脸，仿佛听到了一声声长长的哀怨和叹息。当然，这本书给我们带来的远远不止感动而已，这本书还给你带来了什么呢？

（生谈从这本书中得到的启示。）

5. 结语

师：这么好的一本书我真想介绍给我的朋友，我想与他一起分享。你呢？你想推荐给谁？

（生联系生活实际，感觉有哪些人适合读这本书，谈自己想推荐的对象。）

师：对，我们想让我们的同学、朋友、老师、爸爸、妈妈也来看这本书。

师：如果他们也看了这本好书，他们就能唤起自己童年的回忆，更了解你们，与你们的心贴得更紧，说不定也会爱上你们喜欢的童谣呢。就像我一样——

（师吟唱书中的童谣，生纷纷加入吟唱。）

四、分享心得

在温馨的气氛中，师生怀着感动的心倾心交谈着，在分享中品味人生的酸甜苦辣，在唯美纯净的精神殿堂里，经受了一次难忘的洗礼。

五、活动后记

满目金色的油麻地，一个个可爱的孩子在这里成长，桑桑、杜小康、细马、秃鹤、纸月……一缕缕生命的暖阳滋润着他们幼小的心灵，对于这些孩子来说，这样的成长是宝贵的，拥有老天的眷顾；他们的生命质量注定是厚重的、深刻的，甚至拥有不可思议的明亮。从今往后，他们的内心一定坦荡如砥，他们的心灵一定美好无比，他们的理想一定会像悠游于天空的云朵一样圣洁纯净。这些跃然纸上的内容，都是老师和孩子们在分享的美好中所收获的精神成长。

屋顶上，桑桑的鸽子飞得老高，扇动着翅膀，"仿佛满空气里都响着一片清脆的掌声"。孩子们在美丽的油麻地里生活着，在人生的道路上慢慢成长，咀嚼着个中的甜酸苦辣，心灵最深处是不言而喻的明亮、纯净。弱不禁风的温幼菊老师传递给桑桑的是面对生死的力量；由富变赤贫、接二连三的困境也不能让杜小康低下高昂的头颅；秃鹤的秃头极具喜感，在阳光下闪闪发光，真的不难看；细马用瘦弱的一己之力撑起了妈妈和一个家庭的希望；柔弱的纸月终于如愿以偿，和爸爸团聚了……我们读过《草房子》之后，感悟到的纯净是一睁开眼睛后对一切美的最初定义。《草房子》大家都喜欢，它既告诉读者孩子们世界里的真实模样，也含蓄地暗示着未来生活的真实面目。优秀的儿童作品不应该是一味地让读者徜徉在理想而浪漫的摇篮里，而是能够直抵心灵深处，指引人们在走向坚强的同时，也不会泯灭那颗可贵的童心。

《草房子》，一部自然的圣经。油麻地，演绎六年看似寻常却刻骨铭心催人泪下的苦痛成长史。少男少女间毫无瑕疵的纯情，不幸少年与厄运相拼时的悲怆与优雅，垂暮老人在生命最后一息释放出耀眼的人格光芒……熟悉而又陌生的童年记忆，扑朔迷离与诗情画意缠绕其间。简单而深刻的童年，因为，疼痛可以见证成长！人到中年，我们遇到了桑桑，桑桑只有14岁。相信若干年后，当我们白发苍苍之际，桑桑依然只有14岁，他在我们的记忆里将永远年轻！满目金色的油麻地将依然温暖！致敬！一部美好的作品。

学生一起阅读

◆・出发！去充满故事的奇想国・◆

　　2018年4月是"世界阅读日"，我们有幸邀请到中国著名童书编辑黄晓燕老师来南实给一、二年级的同学们讲学。这次，黄晓燕老师带来的分享主题是《出发！去充满故事的奇想国》，让一、二年级的孩子们在故事里遨游。

　　分享嘉宾：黄晓燕，奇想国童书创始人、总编辑，资深童书出版人，从事图书出版行业25年，加拿大西蒙·弗雷泽大学出版学硕士学位，加拿大西蒙·弗雷泽大学儿童文学和儿童出版跨学科研究博士（肄业）。曾作为国内唯一受邀嘉宾，赴美在全球童书大会上做关于中国童书的主题演讲，为中国童书发声。编辑出版过多部知名童书，如《暴风雨中的孩子》《心弦奏响的一刻：漪然赏读37部经典童书》《会说话的点点》等。但令她最引以为傲的，是有一个温暖而美好的17岁女儿。

"世界阅读日"讲座

◆·课内诗文诵读，我能行·◆

一年一度的"课内诗文大赛"在即，各班孩子们的参赛热情高涨。校园里，绿荫下，老师们引导着孩子们用心地揣摩，细致地表达，逐字逐句地练习着。这样的活动让朗读充满生机，充满灵性，充满情趣。听，那声音真让人回味无穷。

课内诗文大赛准备

课内诗文诵读比赛现场，选手们全情投入吟诵，伴着曼妙的古典音乐，师生沐浴着书香的气息，尽情感受经典篇目的文化洗礼。

课内诗文大赛现场

◆·多读书，读好书，乐读书·◆

一年来，为了鼓励孩子们多读书，读好书，乐读书，老师在认真比较后，精心挑选了一批优质图书，推荐给不同学段的孩子们。

111

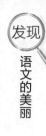

根据推荐书单，学校还为一到六年级的每个孩子人手配备了一本图书，年级里六本必读书目实行"图书漂流活动"（每人每月读一本书），开学领回班级，期末回收图书馆。旨在提高学生的阅读兴趣与热情，提升小学生的欣赏品位、审美情趣和文学艺术修养，丰富校园人文底蕴。

为学生准备的图书

一到六年级阅读书目推荐：

一年级书目：

《蚯蚓的日记》

《11只猫做苦工》

《你看起来很好吃》

《神奇校车》

《小熊和最好的爸爸》

《猜猜我有多爱你》

二年级书目：

芭芭拉·库尼《花婆婆》

张乐平《三毛流浪记》

古代故事《哪吒闹海》

蒂皮·德格雷《我的野生动物朋友》

酒井驹子《我讨厌妈妈》

萨拉·斯图尔特《小恩的秘密花园》

三年级书目：

叶圣陶《稻草人》

黑柳彻子《窗边的小豆豆》

莱曼·弗兰克·鲍姆《绿野仙踪》

张天翼《宝葫芦的秘密》

玛·阿希·季诺夫人《列那狐的故事》

亚米契斯《爱的教育》

四年级书目：

曹文轩《草房子》

曹文轩《青铜葵花》

约翰娜·斯比丽《海蒂》

埃莉诺·埃斯特斯《一百条裙子》

《希腊神话》

林海音《城南旧事》

五年级书目：

岛田洋七《佐贺的超级阿嬷》

史蒂文森《金银岛》

当年明月《明朝那些事》（一共有7本）

斯威夫特《格列佛游记》

施耐庵《水浒传》

吴承恩《西游记》

姜戎《狼图腾》

六年级书目：

三毛《撒哈拉的故事》

肖复兴《我家的老院》

冯骥才《俗世奇人》

罗瑞·斯图尔特《寻路阿富汗》

罗贯中《三国演义》（通俗版或少年版）

沈石溪《狼王梦》

与此同时，我们还组织了一次全校性的图书"跳蚤市场"，让孩子们手中拥有的书真正"漂流"起来！

学校组织的跳蚤市场

◆·走进熊王国·◆

——《贝贝熊》系列丛书分享会

近期，我们开展了系列读书活动：

《贝贝熊》系列丛书分享会是在构建"书香校园""书香班级"活动的基础上升华起来的一个阅读主题活动。本课选材贴近低年段孩子的生活实际，根据年龄特点制定出相应教学目标，"走进乐园""精彩赏析""人物画像""书香四溢"四大板块的丰富展示紧扣系列丛书的内容，创设出融洽和谐的共读氛围——师生交流阅读感受，加深对作品的理解；"读书分享会"形式的采用，促使个性化阅读与合作性阅读的融合；在感受作品人文魅力的同时，体悟作品的生命诠释，使孩子们受到美的熏陶，教学方法灵活多变，流程清晰，执教者注重引导孩子梳理书中主要人物及事件，提炼人物品质，找到生活中这些人物的影子；板块教学凸显，"感受情境，品味语言，说感受谈启示"是本课一大特色，在轻松活泼的主题曲中结束，分享的气氛达到高潮。老师过

115

硬的基本功、亲切的教态、适时的点拨是本课成功的基石，多媒体平台的使用、温馨的环境布置、小班化教学模式则为点睛之笔。

一、来自家长的反响

《贝贝熊》一经推广，班上很多家长纷纷打电话说，《贝贝熊》这套书的内容非常贴近生活，让他们和孩子受益匪浅，希望老师能多推荐此类书籍。

二、学生的阅读反应

孩子们每天认真地看着这套书，有的孩子会把故事中的人物转化成自己，他们的心中都有自己喜欢的人物，希望自己也过着像贝贝熊家族一样幸福、快乐的生活。

三、课后感受

"贝贝熊"系列读书活动开展了一个多月，在这一个月里，我们每天都有了阅读的期待和阅读的话题。课堂上、课余时间，在学校、在家里，我们共同讨论贝贝熊一家所遇到的趣事。这套书画面清新，故事暖心，总是让人爱不释手，孩子们每天手里捧着不同的故事，津津有味地看着，互相聊着故事里的情节。正是从这些生动有趣的故事中，孩子们懂得了诚实与守信、勇敢与坚强，孩子们的意志品质得到了很好的熏陶！

熊爸爸和熊妈妈这对父母三百六十度无死角的育儿方法，可以打败所有的育儿丛书。刚看几集的时候，我就有这样的感受：如果世界上真的存在完美型父母，那非这对熊爸爸熊妈妈父母不可。

因为他们无限温柔和耐心，又充满了智慧和童真。他们带着孩子玩耍，陪孩子游戏。孩子们高兴，他们跟着高兴；孩子们不高兴，他们逗孩子们高兴。孩子们莽撞，他们不阻止；孩子们犯错了，他们不批评……其中有个情节让人印象深刻。熊哥哥和熊妹妹很喜欢在泥潭里面跳来跳去，但妈妈从不阻止他们，只是提醒：如果你们要在泥坑里跳，你们需要穿上靴子才行。结果，他们跳到一个大泥潭里面，弄得浑身脏兮兮的，回到家把地板弄脏了。爸爸看到后，只说了一句"没事，只是些泥而已"，之后就陪他们一起出去玩了。这也难怪，好多小朋友看完这套书都希望自己能变成"熊哥哥"或"熊妹妹"啊！

　　这段时间的读书分享会在低年级掀起了一股热潮，每个班级都传阅了这套书，很多家长也买了一套，在家里大人跟着孩子们一起阅读。其实，阅读并没有那么复杂，找到一个安静的地方，打开书，静静地阅读起来，就是一件很简单也很幸福的事啊！

我们喜欢上阅读课

老师，我来回答

熊哥哥和熊妹妹是你们的好朋友吗？

哈哈！他们表演得真像！

以书会友，走进五彩缤纷的"熊王国"

把精彩的阅读课录下来

◆• 赏析影片，快乐体验 •◆

——电影《阿凡达》赏析指导

　　本次的电影赏析课是校教研活动的一次新尝试，内容的选材、授课形式的制定，以及教学环节的安排、影片的剪裁及课件的制作都是在多次的教学研讨中制定下来的。

　　本次执教的李老师比较准确地把握了影视作品的内容及思想，在关注学生年龄特点的同时，注重引导学生了解电影赏析的方法，尤其重视学生对影视作品的整体把握，特别是对影视作品价值的独到理解，鼓励学生个性化的感受和创造性的解读。通过对电影的欣赏和评价，学生的语文知识、能力和他们的情感、态度及价值观得到融会整合，切实提高他们的语文素养。

整体感觉这是很出彩的一节课——内容新，教法新，形式多样。教学流程清晰，板块教学凸显主题，尤其在第三板块"学习运用方法，欣赏、品味影片"的设计上有独特之处，既紧扣"赏析、体验"的主题，同时在执教者娴熟驾驭课堂能力的基础上，创设了各抒己见、畅所欲言的融洽氛围。适时的点拨体现了"顺学而导"的思路，生成了宝贵的、动态的话题资源。最后，教师总结赏析方法、推荐优秀影片及意味深长的结束语为本课的教学画上了一个圆满的句号。

李教师的话：

本节课带给我的是全新的思考——新教材，新尝试，新探讨。

这节课带给我这样的感悟：我和学生一起观看电影，也就是在赏析创作者的灵魂，在与他们进行思想间的交流，这也是一种"阅读"！当我们与他们产生了共鸣的时候，也就是我们真正看懂一部电影，真正爱上电影的时候！

说说，你听到了什么？

说说，你看到了什么？

分享情节，师生共赏

◆·经典育人，润物无声·◆

记得白岩松在《白说》一书中曾说过一件事：1993年，他采访哲学家赵鑫珊时问："为什么现在的科学技术进步这么快，但是这个世纪的人依然需要好几个世纪之前的音乐来抚慰心灵？"赵教授的回答能让他记一辈子，那是很简单的一句话："人性的进化是非常缓慢的。"

对于源远流长的国学经典，亦是如此。那些能够触动人心的语句，就会有长久的生命力。平时常在报刊、互联网、电视上看到有关各地学校开展诵读国学经典的文章、报道和节目，老师和同学们朗读的画面，令人感动难忘，每每此刻，我不禁思考，传承国学经典，我们语文老师能为学生做些什么呢？答案是肯定的：带领学生诵读经典，学习经典！

国学经典带着对人性的解读和诠释，陪伴一代又一代的人成长。如何让孩子发现字里行间的隽永之美，让文化经典根植于孩子幼小的心田呢？我想到了最简单的方式——诵读，于是就有了班级的"经典启迪智慧，诵读润泽人生"活动。

一、经典浸润，精心构建班级文化

结合所任教学校的"和以为人，雅以治学"核心办学理念，我积极实施"和雅教育"，打造和雅班级，将"雅文化"和国学经典融入孩子们的日常生活中。走进班级，质朴的桌椅、别致的花艺、雅致的书架文化……让每一面墙壁都说话，让每一处环境都育人，和雅文化无处不在，经典文化散发芳香，润泽师生。

二、国学引路，扎实推进诵读

浸润在书香，让阅读成为生活的必需，期望经典诵读成为师生的一种自觉行为！为了有效实施"经典诵读"教育，我引用了系列主题经典诵读教材——《小学生必背古诗75首》《笠翁对韵》《论语》等。

　　在经典诵读课程的引领下，班级形成了以"诵经典、启智慧、厚积累、育雅士"的浓厚氛围。日有所诵，利用每天的早读时间，组织学生进行诵读、学习；周有所学，每周有一节课的经典诵读教学时间，以小组为单位，进行集体诵读学习；以经典篇目为文本，指导阅读方法，让学生学会读书；推荐名篇佳作，不断扩大学生的阅读面；注重学科渗透，通过"每日格言""每周一诗""飞花令""诗词小达人"将国学经典诵读与语文、德育、艺术教学相融合，使诵读与各科教学相辅相成，相得益彰；学生在老师的指导下，通过"读书笔记""图书漂流""个性绘本""诗词星空"等多元化的作业形式，定期分享交流，抒发经典诵读心得，展示经典诵读成果。

三、活动助推，经典滋养童年

　　日常教学中，我们让经典诵读贯穿于班级活动中，以喜闻乐见的活动形式让学生直面经典，感悟经典。例如，读书分享、书法竞技、绘画展示、课本剧表演、主题辩论等，内容丰富，形式多样，与经典为伴，让经典永流传。一天又一天，一年又一年，我们不断学习，不断参与，乐在其中。

　　童蒙养正，借国学经典引领孩子们"赏中华文化、寻文化基因、品生活之美"，感受国学经典之博大精深，从古人浩瀚的智慧和情怀中汲取精华，涵养心灵。相信我们在每一个孩子心中播下的文化成长的种子，会在他们成长的道路上结出一蓬蓬的花，一蓬蓬的果，一蓬蓬的幸福与美好！

经典诵读比赛

◆·**走近鲁迅**·◆

鲁迅原名周树人，浙江绍兴人。他一生创作和翻译了很多作品，如小说集《呐喊》《彷徨》《故事新编》，散文集《朝花夕拾》，散文诗集《野草》，以及大量的杂文等。他一生在文学创作、文学批评、思想研究、文学史研究、翻译、美术理论引进、基础科学介绍和古籍校勘与研究等多个领域具有重大贡献，对于五四运动以后的中国社会思想文化发展具有重大影响。鲁迅蜚声世界文坛，尤其在韩国、日本思想文化领域有极其重要的地位和影响，被誉为"20世纪东亚文化地图上占最大领土的作家"。

鲁迅以笔为武器，战斗了一生，被誉为"民族魂"。他的思想是一种以人为核心的思想，他所关注的不是抽象的人，不是理念存在的人，而是具体的活生生的个体生命。鲁迅通过一系列文章告诉人们：把人应该具有的统统还给人。毛泽东评价他是伟大的文学家、思想家和革命家，是中国文化革命的主将。

六年级上册第五单元是认识、了解鲁迅的一组课文——《少年闰土》《我的伯父鲁迅先生》《一面》《有的人》，学习这组课文还提出了具体的要求：认真阅读课文，在读通读懂的基础上，厘清文章的思路，体会含义深刻的句子；感受鲁迅先生的崇高精神；继续学习描写人物的一些基本方法。由于鲁迅这个人物形象距离学生有着时空的距离，基于此，为了突破本单元的教学难点，特在六年级组织开展"初识鲁迅"课外阅读专题活动。

一、活动主题

初识伟人，走近鲁迅。

二、活动形式

用经典阅读引领成长，与好书为友，结合六年级语文第五单元"初识鲁迅"专题，引导学生通过多种形式感性认识伟人鲁迅，阅读鲁迅作品。

（1）阅读1～2本鲁迅作品，撰写读书心得，也可以以"名著推荐"的形式完成。

（2）"鲁迅名人名言"读书分享活动，可以和父母一起制作"读书信息卡"，里面的内容可以是：鲁迅名言、他人眼中的鲁迅、我眼中的鲁迅、鲁迅作品中的精彩片段等，也可以是亲子读书笔记（读书语录、感言、心得等）。

（3）"小舞台倾情演绎活动"，在鲁迅的作品中，挑一个精彩环节，用心用情把它演活。

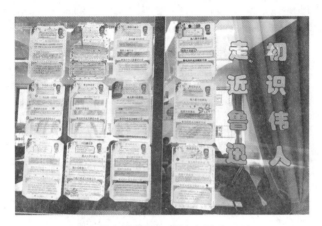

"走进鲁迅"阅读卡展示

"名家名篇"分享鲁迅精彩作品

"走进鲁迅" 课本剧表演

三、活动后记

本单元的语文内容的学习多元而富有层次，既有鲁迅作品阅读，制作阅读卡，还有诵读作品精彩片段和课本剧表演活动。

在丰富的活动中，师生一起走进鲁迅，亲近鲁迅。"鲁迅先生的笑声是明朗的，是从心里的欢喜。若有人说了什么可笑的话，鲁迅先生笑得连烟都拿不住了，常常是笑得咳嗽起来。"孩子们认真聆听着台上同学的分享，这些细致的描写，让人感觉仿佛鲁迅先生就在眼前。

课本剧的表演把本单元的语文学习推向高潮。在小小的舞台上，鲁迅作品里一个个鲜活的人物形象深入人心：少年闰土和老年闰土及孔乙己、范爱农、阿Q等，孩子们惟妙惟肖的表演，传神地演绎了鲁迅尖锐、辛辣自成一家的文风。

四、《少年闰土》的个人教学感悟

《少年闰土》是一篇很让人回味的精读课文。每次，我在讲授这篇文章的时候，总习惯把以前的一篇老课文《三味书屋》带着一块儿讲，讲讲年纪小小的鲁迅为了给父亲治病，每天奔走于当铺与药铺之间的故事；讲讲他和寿镜吾老先生那段难忘的师生情；再聊聊那个刻在书桌上的关于"早"字的久远故事……这些话题一聊，童年的鲁迅也就变得鲜活起来了。

1921年1月，鲁迅冒着严寒，回到阔别20年的故乡——绍兴。他以为故乡依旧像当年一样美好，没想到，却早已物是人非。那些伴着他童年的老宅却闪亮的日子啊，已经一去不复返！到不了的都叫作远方，回不去的名字叫故乡。鲁迅心中那深深戚戚、挥之不去的乡愁，都流露在小说《故乡》里。

其中的一段取名《少年闰土》，被选入小学语文教材。曾几何时，童年的我们也曾把这课文背得滚瓜烂熟。相信一段很美的描写已经在鲁迅的心里烙下印记，也成为我们记忆犹新、朗朗上口的经典名句。

深蓝的天空中挂着一轮金黄的圆月。下面是海边的沙地，都种着一望无际的碧绿的西瓜。其间有一个十一二岁的少年，项带银圈，手捏一柄钢叉，向一匹猹尽力地刺去，那猹却将身一扭，反从他的胯下逃走了。

每每刚开始学习这段话的时候，我常会提一个问题给学生思考："这'看瓜刺猹'鲁迅有没亲眼见过？"孩子们的回答模棱两可，有的说有，有的说没有。这种"不理解"情有可原，因为这背后涉及对课文解读的深度。

闰土出生在农村，没有读书的机会，他的世界和唯一的生活是帮父亲干活。父亲去大户人家打工，当忙不过来的时候，就会把他带去。既可以帮自己干活，也能给家里省点粮食。那一年就因为遇上大祭祀的值年，忙不过来，才把闰土叫来管祭器，也才让鲁迅有机会认识了少年闰土。

鲁迅插图   少年闰土插图

在鲁迅眼里，从小长在农村的闰土是多么能干和值得敬佩啊！——看瓜刺猹、雪地捕鸟、沙地拾贝、看跳鱼儿……他不仅勤劳勇敢，而且知识丰富。是的，少年闰土的心里没有成年人的负担和顾忌，所以，他第一次见到鲁迅的时候，没有畏畏缩缩，也没有因为身份地位不同而自卑，反而把鲁迅当作朋友，很开心地跟鲁迅聊起他所热爱而熟悉的农村生活。捕鸟、看瓜、刺猹、捡贝壳，闰土说得兴高采烈，鲁迅听得津津有味，很快地，他们成为形影不离的好朋友。是的，闰土在鲁迅心里为什么如此美好？那是因为："闰土的心里有无穷无尽的稀奇的事，都是我往常的朋友所不知道的。他们不知道一些事，闰土在海边时，他们都和我一样，只看见院子里高墙上的四角的天空。"

这就是少年意气！是我们成年人被社会磨平棱角后，最怀念的东西。我们在学校读书时，不也是这样吗？我们没有那么多的小心思，只凭着自己的感情交朋友、做事情，不把一切世俗的眼光放在心上，只求自己开心，这也是鲁迅对儿时玩伴闰土念念不忘的原因！因为那是最值得怀念的光辉岁月！

在课堂中，我力求在对文章句子的解读中引导学生感受到鲁迅和闰土的纯真友情。教学中，我们必须区分事实作者和隐含作者。事实作者曾经存在或者依然存在，是一个有血有肉的鲜活个体。但是，对文本解读来说，重要的不是去挖掘这个事实作者的经历和思想，也不是去访谈活着的作者，而是要通过文本语言去建构那个隐含的作者，去了解隐含作者内心情感的波澜起伏。《少年闰土》这篇文章，着力可以挖掘的就是鲁迅对少年闰土的美好回忆！是鲁迅心灵深处，故乡最温暖的一部分！

回想起来，我小时候学习这篇课文时，所记得的"故乡"并不是如此的——那时"我"的父亲还在世，家景也好，"我"正是一个少爷。虽然"我"一见便知道闰土，但又不是"我"记忆中的闰土了。通篇全是"我、我、我"，潜意识下就把自己带入鲁迅的少爷角色，对"紫色的圆脸，头戴小毡帽，颈上套一个明晃晃的银项圈"的闰土，恐怕就被当作了一个农村来的土里土气的少年。可是，现今再和学生一起学习课文，才发现，文章还是那篇文章，只是当年的小孩都已经长大了。鲁迅《故乡》里的"闰土"成了大家少年时的闰土，那个温暖而阳光的"少年闰土"了！

大家希望一如年少模样！可是，理想如鲁迅，现实如闰土。

当带着孩子们继续学习课外拓展《老年闰土》这篇文章时，记得整个课堂静悄悄的。孩子们细细地读着这些描写，在字里行间，在惊讶中慢慢地接受这就是后来的闰土，跟着鲁迅一起接受这20年后已经变老的闰土，接受什么是"物是人非"。

他的身材增加了一倍，先前的紫色的圆脸，已经变作灰黄，而且加上了很深的皱纹。眼睛也像他父亲一样，周围都肿得通红。

他头上是一顶破毡帽，身上只一件极薄的棉衣，浑身瑟缩着。

那手也不是我所记得的红活圆实的手，却又粗又笨而且开裂，像是松树皮了。

站在鲁迅面前，他不敢肆无忌惮地开玩笑，而是恭敬地叫一声"老爷"，还要解释"那时是孩子，不懂事……"最心酸的莫过于这句话了。

老年闰土插图

　　时间可以改变一切。慢慢地，那个聪慧、阳光的少年闰土不见了，他被生活压得喘不过气来，成了"懂规矩"的中年人。鲁迅提出要送闰土一些不用的东西，他选了两条长桌、四个椅子、一副香炉和烛台、一杆台秤，闰土满心欢喜。几天后，还划船来搬走所有的草灰……读到这里，又有多少人会和鲁迅一样，发出了深深的一声叹息？

　　重新学习这篇课文，才发觉《少年闰土》写得真是好。以前读《少年闰土》时年纪还小，不太懂文章的思想，但是隐隐地觉得闰土的人生有些悲哀。现在长大了，独自面对生活，才发现其实自己也是闰土。

　　对于鲁迅本人来说，他的写作是创作思维，而读者的阅读，却是赏析思维。课堂里，我们用自己的理解和感悟，与作者鲁迅共同对话，一起品味百杰的人生，很享受这种精神富足的预约！

　　是的，合上书，关了电脑，眼前尽是柴米油盐。少年不懂鲁迅，如今才知道，我们都是闰土！

　　愿你走出半生，归来仍是少年。

"我用绘本教孩子看世界"教学系列

◆·市场街最后一站·◆

一、绘本简介

《市场街最后一站》是一部由马特·德拉培尼亚著、克里斯蒂安·鲁滨逊共同创作的绘本，讲述的是一趟平凡而又美好的巴士之旅。故事虽小，却蕴含着不同寻常的生活哲理。

每个星期天，小杰和奶奶都要乘坐巴士到市场街的最后一站。有一天，小杰因为一些不明白的事而不高兴，向一旁的奶奶抱怨。奶奶用孩子听得懂的温馨话语，轻轻抚慰了孩子心里的不平，引领孩子看见生命中的美好，慢慢地让小杰爱上了自己的这段路程和市场街的最后一站。

二、教学设计

这个故事场景很简单：教堂外，巴士上，市场街的最后一站。故事情节很普通：奶奶带着小杰走出教堂，搭乘5路巴士，在车上遇到一些人，有一些交谈，到市场街的最后一站下车，抵达目的地——爱心厨房。老师给孩子们分享这个绘本时，希望能借用奶奶的话，引导孩子从这四个方面看待世界。

1. 正确看待物质

当小杰被雨淋湿的时候，他抱怨："雨那么大，为什么我们还要等巴士啊？"奶奶告诉他："树也会口渴的，你没看到那棵大树正在用吸管喝水吗？"

绘本插图1

看到好朋友坐上私家车，小杰问："为什么我们家没有车？"奶奶回答："我们已经有一辆会喷火的巴士了！还有丹尼斯老先生，他总是为你表演好玩的魔术。"

绘本插图2

奶奶的智慧在于，她不觉得物质是唯一重要的东西。躲雨的时候，你有机会感受雨水的气息；坐巴士的时候，你能接触到各种各样的人、更广阔的世界，她用自己的方式告诉小杰——孩子，世界上最珍贵的东西都是免费的；那些你忽视的，都是你已经拥有的美好。

2.正确看待歧视和偏见

小杰在车上，遇到一位盲人先生牵着他的斑点狗上了车，小杰问："奶奶，为什么那个人看不见呢？"奶奶回答："宝贝，你知道什么是看见吗？有些人是用耳朵来看世界的。"

绘本插图3

遇到孩子问这样的问题，我想我会觉得有一丝尴尬，回答可能只会是："叔叔的眼睛生病了。"但奶奶说："有些人是用耳朵来看世界的。"多么智慧的回答！我们用什么方式向孩子解释世界，孩子就会建立怎样的世界观。每个孩子提出的问题，我们的答案背后都是一整套的教育观。奶奶用自己的方式告诉小杰：他们只是与我们不同，我们要尊重他们。

3. 发现美的眼睛

绘本插图4

市场街的最后一站到了，小杰眼中破败的环境被奶奶淡然的一句话赋予了意义："小杰，有时候，当你身处尘土之中，反而更能体会什么是美好。"

绘本插图5

生活从来不缺少美，而是缺少发现美的眼睛。小杰也开始留意那些不经意的细节：美丽的彩虹横跨在爱心厨房上，路灯散发着明亮的光，还有一只和他捉迷藏的小猫咪。

4. 快乐是付出而非索取

到这里我们终于知道，原来市场街的最后一站是爱心厨房，一个专门施舍食物给穷人的地方。奶奶每周带小杰来这里帮忙。小杰看到了熟悉的面孔，开心起来。最后一页，我们看到一个主动给奶奶递碗，微笑的孩子。那一刻，你会对这位奶奶肃然起敬，付出和爱于他们而言不是一句空洞的口号，这就是他们的日常，贯穿他们生命最普通的东西。

绘本中最打动人的莫过于奶奶那些看似不经意的回应，安慰着一个孩子的小小抱怨。她没有讲道理，没有批评教育，她用跳脱活泼的话语，她以身作则，指引孩子去发现平凡中蕴藏的美好。希望孩子们读完这个绘本，能用一双发现美的眼睛，以一颗坦然积极的心，去接纳生活中的种种。

◆◆ 来自星星的朋友 ◆◆

《不可思议的朋友》是一部根据真实故事改编的关于自闭症题材的绘本，讲述的是一个平凡而动人的故事。绘本的作者田岛征彦就地取材，历经三年才完成这部作品。该书在日本出版后得到广泛关注，也向社会打开了自闭症儿童内心世界的大门。

绘本封面

书中有两个主人公：小安和佑介。小安是一名自闭症儿童，佑介认识他以后，从紧张、不知所措，到最后真正喜欢上小安。佑介和小安一起玩耍，一起学习，甚至有人欺负小安也为其打抱不平，并且把他称作"不可思议的朋友"。小安的语言表达有困难，在情绪上也常常出状况，经常给身边的人带来一些不便的影响。但是，如果我们换个角度去看待他们，一定也能发现他们的善良和可爱，发现他们在这个世界的不易和艰难。

从教许多年了，班里还真的有那么几个"不可思议"的孩子。这些与众不同的孩子让老师的教学工作变得棘手，还会使班级管理工作变得手足无措。身边的孩子排斥他们，科任老师不理解他们，有的孩子背后还有着迷茫而焦虑的父母。

那年教三年级时，遇见的小江是个需要妈妈陪读的孩子，但是妈妈的陪伴并没有让他少闯祸。从三楼用水壶砸老师的车；用盆栽砸同学的腿，导致对方缝了四针；用凳子砸向讲台上的英语老师……唯独让人欣慰的是他的学习还过得去。刚开始他不仅仅不跟我交流，对我还有一份戒备。为了还班级一份安宁，我向教过他的三位班主任请教，暗地观察他的动向，跟孩子妈妈了解他的心理动态。渐渐地我发现，只要是下课或体育等户外活动时间，小江妈妈怕孩

子惹麻烦，就急匆匆把他接走，但我分明看到他带着羡慕的目光看着嬉戏的同学们。霎时间，我仿佛读懂了他眼中的光。

通过反复对比和网上查看评论，一天，我选择了《不可思议的朋友》这本绘本，决定在课堂上和全班同学分享。我和孩子们一页页地阅读，一页页地分享：

他一直跑进了大海里。小安的妈妈也跟着跳进大海，用力抱住了他。

"我不明白这孩子在想什么，他将来长大了可怎么办啊？"

在海水中，小安和妈妈一起大声地哭喊。

小安非常喜欢钟表。

他在画信号灯、卫生间标识和数字的时候，会很开心。

有时，小安也会让自己平静下来。

"小安请安静，小安请安静。"

这样的自言自语对小安来说，是没有任何副作用的良药。

"太田，今年大家都升入三年级了，从今往后你也要帮忙照顾小安哦！小安有自闭症，不太擅长说话。"

听内田花子老师这么一说，我不禁有点紧张。

我一边哭，一边擦着信封上的泥。

回到邮局，我被狠狠地训斥了一通，那滋味真是不好受。

我从邮局跑了出来，这时，眼泪又止不住地流了下来。

"太田佑介，没事了，太田佑介，没事了。"

不知什么时候，小安来到了我身后。

那天，我边翻PPT边读的时候，教室里一片寂静，很多孩子被故事情节感动了，眼角泛着泪花。我用余光扫视了"不可思议"的孩子，他也静静听着，一副若有所思的样子，可是，我从他上扬的嘴角中，仿佛看到了希望。

分享完毕，我让孩子们谈谈自己的感受。小阳说："我发现我们班也有一位'小安'。有一次我带了一个溜溜球在教室里玩，他走向我的时候，我闪开了。接着他就用水壶砸向我的鼻子，原来他是想跟我一起玩。"小欣说："上次我们在教室里排练的时候他抱住了我，我吓哭了，原来他是想加入我们的队伍。"钟雄彬说："那天小江一下课就经过我的座位，有意把我的书推到地板上。我想他是希望下课和我一起玩划拳游戏。"借着这种气氛，我请小江说说他的阅读感受，而他只说了一个字："好！"说真的，那天的分享让人有点小激动。

阅读分享之后，我接着上了一节主题班会《我们身边不可思议的朋友》。从此以后，我们欣喜地看到了一些变化：课堂上，同桌帮小江订正错题，还一起分享课外书；课间，走廊有不少同学会找小江玩"石头剪刀布"游戏……慢慢地，小江的情绪变得平和了，来老师这里"投诉矛盾"的小朋友也少了，小江在慢慢地融入这个温暖的集体。孩子在毕业后的第一个教师节，给我打了一个电话，虽然只是几句简短的话语，但是让人很欣慰。小江能主动跟他人沟通了，还告诉我他一直在学萨克斯，妈妈帮他拍了一个视频分享到了班级群里。

衷心希望能有更多的人因为看了这绘本，愿意多花一点时间了解自闭症的孩子，能让他们多一些机会。更希望更多"来自星星的孩子"能像小安一样有朋友，有生活的希望。

◆• 奶奶来了 •◆

三年级的学生正处于性格形成与塑造阶段，现在的孩子因为得到的太多，在付出上会比较欠缺，生活中总有这样一幕：白发苍苍的老人佝偻着身体，背着孩子沉重的书包，在后面慢慢走，或唠叨孩子走太快，或唠叨孩子穿太少。孩子在前面活蹦乱跳，一声声地催促着，或嫌弃着老人的唠叨，这种画面往往会让我非常有感触。其实老人们往往都是心甘情愿的，甚至是开心的，觉得自己还是个有用的人。老人有时候是需要这种"被需要"的感觉的，但孩

子往往不能感悟这些，只会越来越觉得背书包是老人们应该做的，唠叨是很烦人的，如果没有人提点就容易造成教育上的缺失。《奶奶来了》这本绘本是韩国作者李惠兰的作品，韩国的一些家庭伦理理念与我们相近，这也是选择这本绘本的原因之一。

绘本封面

一、分享主题

绘本讲述了这样一个故事："我"（指文中的姐姐）奶奶与爸爸的关系一开始是不和谐的，儿子没从奶奶那里得到应有的爱，他们各自生活，没有交集。但当奶奶生活不能自理，来投奔这个没有多少感情积累的家时，爸爸妈妈很自然地接纳了，只因为她是爸爸的妈妈。最终，他们用行动让"我"接纳了奶奶，有时候做比说更有用。

二、分享目标

（1）让孩子关注与家里老人有关的日常生活。正所谓生活既是教育，直接经验更能直观地引起孩子对自身的反思。

（2）理解爸爸的话，并体会"我"接纳奶奶的心路历程。

三、分享过程

（1）课前布置学生收集有关家里老人的事例，在课堂上进行分享。

（2）介绍韩国李惠兰写的绘本《奶奶来了》，译者米雅。

（3）师生共同阅读一遍，总结阅读绘本的方法。

1. 观察"封面"，说说你观察到了什么

学生回答：从封面上，我看到了"美食面馆"这几个字；我看到了面馆门口有位老奶奶在卖菜；我看到了面馆门口有一辆摩托车；我看到了面馆门口有一个小男孩在玩玩具……

《奶奶来了》封面

导读提示：大胆想象猜测，是阅读绘本的重要方法。（板书：大胆想象猜测。）

2. 观察"绘本里的扉页"，说说你看出了什么

学生回答：我觉得他们一家很幸福，脸上都带着笑容；姐姐笑得嘴巴都咧开了，眼睛都眯成一条线了。

《奶奶来了》扉页

137

导读提示：学会观察，关注细节，也是阅读绘本的方法。（板书：关注细节。）

3. 读读"里面的话"，谈谈你想到了什么

学生回答：姐姐一家的生活过得平平淡淡，如果他们家很富裕的话，就不会住在饭馆里了；我觉得姐姐一家和奶奶不熟悉，因为姐姐说了，奶奶自己一个人住在遥远的乡下。

导读提示：联系上下文读绘本，是第三种常用的方法。（板书：联系上下文。）

4. 认真阅读，提出问题，互相交流

奶奶来了，干了许多奇怪的事，给这个家带来了不少麻烦……

（吃饭、睡觉，生活习惯不一样……）

《奶奶来了》内文1

从三个方面来体会姐姐对奶奶的情感。

（1）和奶奶吃饭为什么会是一件不开心的事？分别说说大家是怎么做的。（呕吐，要清理；姐姐帮奶奶清理；爸爸给奶奶夹鱼肉吃。）

（2）奶奶生活上麻烦事不断，你看到爸爸是怎么做的？（清理打洒的尿壶，清洗奶奶的脏裤子，清理弄脏的地板。）

（3）爸爸为什么默默地帮奶奶做这些事？（因为奶奶是爸爸的妈妈，所以尽管姐姐很嫌弃奶奶，可是爸爸仍然默默地为奶奶清洗裤子。这真是一位孝顺父母的好儿子啊！）

《奶奶来了》内文2

《奶奶来了》内文3

《奶奶来了》内文4

《奶奶来了》内文5

奶奶还会做哪些奇怪的事？（叫妈妈不要用洗衣机洗衣服；奶奶竟然跑到学校去接姐姐放学，爸爸妈妈不得不放下手边的活，去把奶奶接回家。）

《奶奶来了》内文6

《奶奶来了》内文7

爸爸是怎么回答姐姐的？（"爸爸小时候，也像奶奶一样乱捡地板上的

东西，但是奶奶依然不厌其烦地帮爸爸擦手。""爸爸小时候，也像奶奶一样乱拉裤子，但是奶奶依然不厌其烦地帮爸爸清洗裤子。""爸爸小时候，也像奶奶一样，吃饭的时候弄得满桌都是，但是奶奶依然不厌其烦地给爸爸喂饭。"……）

教师引导：听了爸爸的话，姐姐回想起这段时间奶奶在家里做过的种种事情。看着奶奶，我们仿佛看到了爸爸小的时候。同学们，老师调查过，你们当中有许多人是有弟弟妹妹的，你们的弟弟妹妹都还小，他们是否也会像奶奶一样做些麻烦事呢？（学生谈谈自己的生活体会。）

学生：有一次，我弟弟拉大便，虽然他包着尿包，却弄得整个背都是。

学生：我妹妹整天来我房间乱翻东西，我想写作业了却找不到一支笔……

教师：是的，有一天，我们老了，身体器官就会衰老，包括我们的脑袋，也会衰老退化。也许我们的记忆力会大不如从前，所以我们会分不清橱柜和衣柜，乱放东西；也许我们不能很好地控制我们的身体，所以有时候也会把大便拉到裤子里。这个时候的奶奶，也是一个孩子，是一个宝宝，只不过她的身体变大了，但心智还是一个孩子。就像姐姐小的时候一样，需要爸爸妈妈的悉心照顾，这时候的奶奶也需要爸爸妈妈的关心照顾。你们猜姐姐以后会如何对待奶奶？

学生：我想姐姐不会再嫌弃奶奶了。

学生：我想如果奶奶再吐饭，姐姐应该会帮奶奶清理。

……

教师：同学们，绘本的结尾是这样的。姐姐将奶奶的照片放在餐馆里，和他们家的合照放在一起。每当有人问起的时候，姐姐是这样介绍的，请大家一起读一读。

（生读。）

教师：这和姐姐一开始介绍他们一家有什么不一样吗？

学生：一开始的时候，姐姐说他们一家四口人，现在却说他们一家五口人。

教师：从四口人变成五口人，你读出了什么？

学生：我觉得姐姐开始接受奶奶了。

教师：用接纳会更合适。（板书：接纳）

四、分享拓展

1. 教师总结

同学们，一本书读完了，我们会把它合上。一个故事却走进了我们的心。奶奶的到来，让原本日子过得紧张的一家，变得更加艰难。但是，我们看不到爸爸妈妈脸上一丝的抱怨嫌弃，有的只是一个儿子的关切神情，一种发自内心理当接受的神情。而姐姐，虽然也很不喜欢奶奶，但当姐姐得知奶奶睡在马路边的时候，从她的奔跑、喊叫，我们感受到她还是很关心奶奶的，对于这个家的事，她并没有置身事外。读到这里，我们从这一家人身上学到的是爱与包容。

2. 学生读后感

同学们平时又是如何与自己的奶奶相处的呢？请细细回忆，把你想对家里老人说的心里话写下来吧。

五、绘本教学的反思

1. 教学活动的设计立足于学生的生活实际

课前，教师通过了解学生的思想价值取向，准确把握教学的起点。同时，认真地分析学生的学习准备、思维特征和迁移能力，在教学设计中重视课堂的预设和生成。采用谈话式导入，没有绕圈子，直接带入绘本中。这是因为绘本不同于平常课本，对故事的呈现方式和顺序大有不同，所以导入的内容从学生的生活中来——配图，说说自己的奶奶，这能瞬间拉近学生和文本的距离，利于后面阅读文本、学习文本。

2. 教学活动的设计遵循了语文的生活性

在初步感知部分，引导学生观察细节，通过图文结合、联系上下文等方法去阅读绘本。问题的设置比较关键，学生目的明确，不会像无头苍蝇一样乱飞。教师把语文和生活的距离缩短，鼓励学生结合生活经验大胆猜测"奶奶来

了，会做些什么奇怪的事或者麻烦的事"，让学生"生活在语文中"。"猜猜姐姐会怎样做？"这样的问题设置引导学生换位思考，代入角色。教学方法重在引导，引领学生走进绘本，让学生获得绘本阅读的方法。

3. 直观教学的运用激发了学生的阅读兴趣

教师准备的精美课件吸引了学生的注意，放大了"教学空间"，直观形象的图片带给学生更多的视觉体验，从而加深学生的阅读印象。配合背景音乐，丰富学生的情感体验。

4. 科学方法的相机指导带来阅读时效

绘本真好！内容设计很巧妙，值得我们把它请到课堂上来，跟孩子们一起探讨学习。课堂中教师调配整合绘本中的信息，将图片与情节按照学生便于接受的顺序呈现出来，让学生能更系统地了解"奶奶来了"后家里的各种变化。巧妙地帮助学生理解人物心路历程，这是本次绘本教学的难点。

总的来说，《奶奶来了》的教学活动设计结合了学生的学习特点，以引导观察想象为主，结合学生的生活经验，同时教授阅读方法，落实语文"三维"学习目标。

现在的青少年，可以说是"索取的一代"，完全没有机会为他人付出。而《奶奶来了》这本绘本，闪烁着人性的爱的光辉，我们真的应该用它来摇动一下"00后"孩子们那颗近乎冷漠、自私的心。感恩《奶奶来了》绘本给孩子们带来了一次心灵的撼动。

综合性学习系列

◆· 遇见最美的春天 ·◆
——一年级诗歌诵读活动设计

一、活动主题

春天是大地回暖、万物复苏之季，让我们用最美的诗歌一起赞美春天，拥抱春天。在美丽的春天里，在字里行间里，师生一起品味诗歌的芬芳，感受季节的美好。走起！让我们一起"遇见最美的春天"！

二、活动细则要求

活动要求：

序号	内容要求	得分
1	作品主题鲜明突出，内容积极向上	20分
2	诵读情感真挚，表达自然，能通过表情的变化反映诗歌的内涵。声情并茂，能让观众产生共鸣	20分
3	咬字清晰、正确，诵读熟练，语调抑扬顿挫不唱读	20分
4	表现力丰富，感染力强	10分
5	精神饱满，姿态得体大方	10分
6	服装得体，优雅大方	10分
7	朗诵形式富有创意，配以适当乐曲或以其他富有创意形式的朗诵	10分

三、活动小结

吟一首诗，看千年经典惹人恋；歌一阕词，让唇齿留香满心田；把种子撒心间，让经典咏流传。一年级"遇见最美的春天"诗歌诵读比赛在声情并茂的表演中拉下了帷幕。

活动虽然告一段落，但留给我们的回味却是深长而久远的。本次活动，教导处和语文科组非常重视，提前拟订方案，做好准备，经过老师们的精心指导，学生们的认真准备，一年级"遇见最美的春天"诗歌朗诵比赛终于取得了圆满成功。各班精彩的表演可谓奇招百出，现就本次活动做如下总结：

1. 全员参与，发动面广

本次活动，以班级为单位，人人参与，起到了全面提高学生阅读兴趣和朗读水平的作用，为学校营造了浓浓的书香氛围。教导处统筹安排，语文科组认真筹划，一年级语文教师在认真研究、认真筛选的基础上，确定了各班的诗歌朗诵内容，既有我国传统的古典诗词，也有优美的现代诗歌，如《春天里的花仙子》《咏柳》《蝴蝶飞呀飞》……孩子们至真至情，吟诵歌唱，欢快舞蹈，声情并茂，表达了对春天的赞美与感恩。"云对雨，雪对风，晚照对晴空。来鸿对去燕，宿鸟对鸣虫。三尺剑，六钧弓，岭北对江东。人间清暑殿，天上广寒宫……"小书童们摇头晃脑地拍手吟唱，声韵唯美，让经典焕发出新的生命力。

2. 形式多样，呈现丰富

本次活动，既有师生同台，也有亲子同台，既有学生与家长的互动，也有学生与老师之间的合作，让我们感受到了大家积极参与的热情，看到了和谐的家校关系、师生关系。在那一刻，师生关系转变成新型的伙伴关系、朋友关系，促进了师生共同进步。此外，有的班级还将奥尔夫音乐与朗诵完美融合，展示了一年级师生的精神风貌。与此同时，我们也取得了活动的预期效果，其中，一（1）班荣获"最佳风采奖"，一（2）班荣获"最佳团队奖"，一（3）班荣获"最具活力奖"，一（4）班荣获"最佳表演奖"，一（5）班荣获"最具魅力奖"，一（6）班荣获"最佳创意奖"。

一年级小朋友通过自己的勤奋与努力，用稚嫩的声音诠释了经典诗歌的美感，体现了我们南实学子追求美、展示美的情操，提升了自身的欣赏品位、审美情趣和文学艺术修养，丰富了校园人文底蕴。本次的经典诗文诵读，引领我们发现什么是文章之美，什么是意境之美，什么是经典之美。本次活动的目的之一，就是培养大家发现美、欣赏美、展示美、歌颂美。

最美人间四月天！美好的春天里，我们借力"诵读月"，目的就是引导学生多读书、读好书。比赛虽已结束，但经典诵读活动还应继续，因为博大精深的传统文化是中华民族的灵魂，是中华人文精神的根基，是炎黄子孙永恒的精神财富，是当代实施素质教育的宝贵资源。小学生学习任务相对较少，且处于记忆力最好的时期，学习语言能力强，通过诵读文化经典，可以传承和弘扬中华民族优秀文化，建设中华民族共有的精神家园，促进学生可持续性发展。经典诗文诵读活动能让我们追溯和重温历史文化，对中华民族产生自豪之情，对中华文化产生景仰之情，这也是我们建设书香校园、书香班级的一个重要途径。

诗歌朗诵比赛活动图

◆· 好故事，讲你听！ ·◆

"这些故事，你妈妈听过，你妈妈的妈妈也听过……"孩子们喜欢听故事，也喜欢讲故事。为了激发课外阅读的兴趣，提高孩子们的口语表达与演讲能力，我们二年级的故事会开讲啦!

一、活动组织

本次活动分为两个阶段：

第一阶段初赛，各班按要求在本班内开展比赛，由各班自行组织实施。

第二阶段决赛，各班经过班级选拔后，每班筛选出1名优秀选手，推荐参加年级的决赛。（在班级内部进行一轮海选，评选出班级的"故事大王"参加学校的比赛，层层筛选，每名同学都有参赛机会。）

二、活动要求

（1）故事内容健康、高雅，格调清新、明朗，充分体现积极进取、健康向上的精神风貌。

（2）故事取材要是符合小学生年龄特征和心理特点的神话故事，可以尝试有创意的表演形式。

（3）参赛选手限定在3～5分钟内脱稿独立完成，普通话标准，语言表达流畅，语调抑扬顿挫，表情丰富有感染力，仪态大方，服装得体，也可适当增加道具或配置背景音乐。

三、活动精彩剪影

讲故事比赛

四、活动后记

有趣的故事会在大家热烈的掌声中结束了。

来自各班的12名选手参加了此次比赛。在讲故事中，孩子们没有刻意模仿，而是通过自己对故事的理解，用声音表达情感，真正将故事理解并传递出去，用声音打动了人心。这次活动我们还特别邀请了著名电台主播唐果及艺文两位姐姐作为嘉宾共同参与，并为孩子们的表现做了指导与建议。一次特别的活动，一次全身心的投入，于教师、于孩子，甚至于家庭，都是一种成长、一种美好。真棒！为我们小而精的故事会喝彩！

◆ 这里的墙壁会说话 ◆

一提起墙，总给人以冷冰的感觉，而学校六（2）班的墙却是有灵魂的，这里的每一面墙都会说话。

走廊手抄报作品展示墙1

长长的走廊上，有一面学生手抄报作品展示墙——"祖国在我心中""童话天地""新年，你好"，不同的学月主题，有不同的呈现，异彩纷呈。

作品展示墙2

"名匠们"在晨曦中、在蓝天下、在晚霞中自信地微笑，他们的作品文笔流畅，恣意挥洒，激情飞扬。他们的创作感言发自肺腑，充满灵性与睿智的光芒。最匠心独运的是，和他们站在一起的是安徒生、巴金这些文豪，还有就是心里涌动的灵感。于是，这面墙展示的不仅是作品，更是梦想与自信。

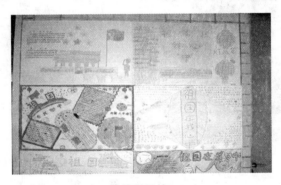

作品展示墙3

孩子们有的字写得苍劲有力，有的字写得还很稚嫩。但是你能看出，他们的书写都很认真、很用心！

进入六（2）班的教室，一面面墙壁微笑着和你说话。教师节、圣诞节到了，黑板寄语述说着同学们美好的祝福！

教室黑板作品展示

　　开家长会了，墙文化的气息扑面而来的是孩子们和父母的心灵对话。一句"亲爱的爸爸妈妈，欢迎你们"一下子拉近了亲情的距离，心近了，思想共鸣了，怎么会有人捂着耳朵说"我害怕开家长会"？

学生创作板报　　　　　　　　　　　　完成板报作品

学生德育评价表　　　　　　　　　　手抄报作品

"学习园地"让方法引领学习的方向；"名言警句"让墙壁悠然散发着淡淡的墨香；"德育评价表"向大家述说着学生们的收获与进步的方向……

一笔一画的作品展示着学生们的遒劲风采，不同时间段的墙壁版面设计都不一样，但也有一样的地方，那就是墙壁活了，视野开阔了，墙不再冰冷，而是有了温度，每一面墙都会和你静静地说话——师生间畅所欲言的交流，字字句句娓娓道来……深深折服于每一面墙壁，六（2）班的墙壁会说话，六（2）班的墙壁有思想。

一个有魂的集体是昂扬向上的集体，一个有魂的集体是战无不胜的集体。希望这种班级文化能把孩子们凝聚在一起，凝聚成一种魂：积极向上的班魂、校魂、育人魂！

手抄报作品展

◆ 生活中的科学 ◆

——认识《维生素C的秘密》

一、提出问题

在我们的日常中，人们的生活水平提高了，健康便摆在了第一位，孩子每天的饮食健康是家长们最关注、最操心的事。妈妈们总是想法设法为孩子补充身体生长所需要的营养，尤其是水果、牛奶，很多家长每天换着花样地给孩子准备各类新鲜应季的水果。道理很简单，首先是水果具有较高的维生素C，同时，水果味道鲜美、品种多样、色彩缤纷，因此，受到家长们的青睐。

让我们思考这个问题：常见水果中什么水果维生素C含量最高呢？每天吃多少才是适当的食用量呢？为此，教师带着六（3）班的三名同学组成实践小组来完成这样一项调查活动：研究水果中的维生素C含量。

二、调查过程

本次实践活动分两大部分。

（一）完成调查问卷

调查问卷部分是实践活动的前提，这部分内容很重要。教师给孩子们进行详细、具体的讲解后，指导孩子们设计出一份科学合理的《调查问卷》。随后，组织进行现场完成问卷的调查。这一环节很有意思，孩子们要用心地寻找调查对象，鼓起勇气向陌生人发放《调查问卷》，争取别人配合完成填写。观察三个孩子，他们的表现都有一点紧张。当我问道："谁想当第一个吃螃蟹的人，做个示范？"三个孩子互相看了一眼，眼神中出现了犹豫，对于现在这些家庭条件优渥的孩子来说，能跟陌生人聊天，跨出这一步确实是需要勇气。"我！"小曾同学害羞地举起了手。这句话给另外两名同学做了榜样。出发！小曾的第一个目标是一名水果店的店员，她有礼貌地向店员问好："姐姐，您好！我们在做一篇论文，想请您帮忙完成一份《调查问卷》可以吗？""好，没问题！"三人相视一笑，第一份调查问卷成功了！这也给其他同学增添了莫大的信心，虽然在之后的问卷中出现了各种拒绝，但是他们没有气馁，依然向下一家迈进。一次对外问卷调查，似乎打开了孩子们探寻世界的大门。

（二）动手实验过程

这次，论文的核心点是做实验。对于"做实验"三个字，孩子们的反应是最大的，实验室、试管、滴管、各种试剂，这些都是他们从未接触过的，这更让他们觉得这是一件既神秘又忐忑的事情。"兴趣是最好的老师。"听到要进实验室做实验，大家都期待着。观察前，要想培养学生良好的实验探究习惯，那得先提要求：要学会认真观察；仔细遵守操作流程；实验过程要详细记录，学会分析数据；还要做到团队合作，一切行动听指挥。

实验活动非常顺利圆满。首先，教师带着孩子们认真地观察，准确反映了水果里维生素C的不同样态，向孩子们揭示了自然现象及其规律，产生了令人信服的实验结果。其次，在实验教学的过程，孩子们学会了怎样观察教师的演示实验，学会了自己动手操作。学生通过本次的亲身经历实验过程，"维生素C"这个知识变得具体化了，懂得了事物会不断发生变化，以及如何观察变化中的事物，这在学习和生活中都非常重要。

实验中，孩子们都喜欢动手做，但在好奇心驱使下有时候是盲目乱动，一动手就忘了要求，做了这一步不知下一步该做什么，做了又忘了记录；或颠倒操作过程，少做漏做，导致实验失败，这就需要明确操作过程，严格遵守执行。如何保护学生的创作思维，提高其实验能力，在设计流程时，教师需要根据实验操作的难易程度运用更直观的办法，明确操作过程，这是本次实验操作的难点。实操过程中，的确遇到了很多问题，如小然同学刚开始使用洗耳球与吸管时，左右手配合不好，吸取的溶液过多或过少，但是经过多次试验和自己的摸索，最后找到了感觉，接下来的实验自然就顺利了。

本次的活动开展符合了三要素：人、场、技术。再次体会到这样的认知规律："告诉我，我会忘记；做给我看，我会记住；让我参加，我就会完全理解。"

学生们一起做实验

1. 调查问卷所悟：周子傲

完成调查问卷可真是一个力气活。我领好调查问卷，便奔向操场，放学了，那里聚集的人多，有老师、家长和同学们。

目标锁定！看见几个正在嬉戏的小同学。"同学，你好！想请你们协助完成几份《调查问卷》，可以吗？"谁料到，这几名同学竟然头也不回地开溜了，我吃了一次"闭门羹"。也许，同学们急着回家才不理我，我应该找有空的家长才行。

刚才的失败并没有打败我，看见了一位阿姨，我赶紧深呼吸一次，然后笑着迎上去说明了情况。这位阿姨笑着说："小朋友，我还要接小妹妹，现在没空哦。"说完摆摆手，向校门走去。

两次打击，让我有些气馁了。哎呀，出师不利啊！我找了个地方坐下来，望着手中的一叠问卷，一张都没填上，这可怎么办呢？迷茫中的我抬头望望天空，夕阳西下，远处的天边朝霞满天。咦，那头有一位老师在值日。"这位老师给我们班上过课，肯定不会拒绝我的。"我腾地一下站起来，向这位老师走起。来到老师跟前，鞠个躬，有礼貌地说："谢老师好！我们在做一个科技论文的调查报告，您能帮我填一下吗？"说完这句话的时候，心里非常紧张，非常忐忑，生怕又被拒绝。"好，怎么填？"谢老师细心地回答。太好啦，终于成功啦！心情是多么雀跃啊！奇怪，接下来很顺利地完成了好几份调查问卷。天色已晚，明天继续！

经过几天的不懈努力，终于完成了所有问卷。老师表扬我任务完成得好！老师您知道吗？"知难而上，胜利总会来到。"这才是我学到的真知识啊！

2. 实验前期水果挑选及榨果汁所悟：曾芯悦

科学中有着无穷乐趣，科学实验让我们受益无穷。这次的测量水果中维生素C的含量更让我爱上了科学。

老师带着我们三个去惠州学院实验室做实验，测量水果中维生素C的含量。我分配到的任务是：负责挑选实验中的实验水果。这些水果都是我们日常生活常见的，如橙子、梨、葡萄等。

挑选完水果，我们就回实验室称量水果。"称量水果"是实验中非常重要的环节，必须一丝不苟，多一克少一克都不行。我全神贯注地做着这件事，不敢有任何差错。在称量水果中，我学会了如何正确地使用电子天秤，哈哈，又学到了新知识。

营养科学让我了解了关于水果的知识，动手实验让我探寻了水果中的奥秘——水果中蕴含了丰富的维生素C，多吃水果能补充人体需要的维生素，这次的科学实验真有意思，让我大开眼界，学到了课本上没有的知识。

3. 实验过程所悟：顾然

实验开始了。老师先让我们各自清洗好工具，在试管中加入碘酒，还告诉我们："往果汁中滴加碘酒，并不停震荡试管，直到果汁变色为止，并记录所用碘酒的量。但是在此之前，你们要学会滴碘酒。"我想，这么简单，只是滴下去罢了。还需要学吗？看着其他两名同学，他们也是表现出一脸自信。"你们在滴加碘酒时，发现溶液开始变色就停止滴加，不能继续滴，越快越

好，也就越准确。"我们点了点头。

第一步，老师先让我们用水当作果汁，我跃跃欲试，首先老师让我夹好滴管，并告诉扭一下齿轮就可以让碘酒滴下来。我说："知道了。"第一次尝试，我一下没把握住，滴了四分之一。第二次，没有摇晃锥形瓶，不合格……直到好久之后，几乎一管碘酒都快给滴完了，还是没有把握好。这时已经有一名同学完成了。心里有些焦虑了。同学耐心地教我："你不能这样一次滴那么多，要一滴一滴地加。"在他的帮助下，我一次又一次地练习，最后终于成功了。

第二步，老师要求我们把25毫升的水果汁加入锥形瓶中，实验开始了。

我负责做的是柠檬、猕猴桃和梨这几样水果。我先把梨切成一半，放到天秤中，显示数据为43.29克。于是，我又切了一小块，重量已经非常接近50克了。再把切的梨拿到榨汁机旁边，把梨榨成梨汁，由于还有一些水果渣，需要使用滤纸和漏斗，把水果渣倒入漏斗中，挤出水果汁，因为漏斗有一个颈，这个颈的直径比容量瓶的口小，所以直接把水果汁过滤到容量瓶中，将容量瓶上下震荡，再做下一步。

第三步是比较难的环节，由于必须要精确到50毫升的果汁，老师递给我们一根吸管，上面有一个小口，事先挤扁洗耳球，之后放入小口中，洗耳球慢慢膨胀，这时会有果汁进入吸管，只要果汁达到刻度线就立刻把管中的果汁放入锥形瓶中，然后才进行下一步步骤。

马上要进行吸取果汁环节了，好期待！大家把所有材料都准备好了，小心地按照老师的要求进行。我一松开洗耳球，果汁上升了，咦，果汁还没到50毫升的刻度线就停住了，我赶紧问老师该怎么办，老师说："你把洗耳球拿出来，再捏一下，放入吸管中不就可以了吗？"于是，我把洗耳球拿出来，在拿出的那一刻，果汁又开始下降，我快速地把小球插入吸管里，就如老师说的那样，果汁又开始上升了。但这一次比50毫升又多了。眼看果汁就到顶溢出来了，我急忙拔出洗耳球，这时果汁又开始下降了，快到50毫升刻度线时，我立即用手堵住吸管口，刚刚好——50毫升。

再把果汁放入锥形瓶中，进行第四步，也就是最后一步——滴定水果中的维生素C含量。我把果汁准备好后，便开始用碘酒进行滴定。因为碘酒与维生素C会发生反应，所以我们要根据这一特点来测量维生素C的含量，我左手拿锥形瓶，右手握着滴管齿轮。我测量梨的时候用了碘酒5.3毫升；之后，用同样的步骤测出柠檬是8.6毫升；而猕猴桃是最高的，居然超过11毫升……

这是一次多么神奇的科学见证啊！

◈· 摘菜，煮菜…… ·◈

——校园菜地让孩子们成了"城市小农夫"

绿油油的生菜、挂满枝头的黄瓜、长势喜人的萝卜苗……谁能想象，这番悠然的田园景象如今竟出现在书声琅琅的校园里。看吧，12月，在冬日阳光的照耀下，孩子们跟着老师还在小菜地里忙乎呢！

"老师，这是什么籽？""这个是萝卜籽，它可以变成萝卜苗。看！菜园里这片萝卜苗就是从籽长成现在这样的。"菜园里，20多个"城市小农夫"正在给地里的蔬菜浇水、施肥。劳作完，孩子们又忙着采摘蔬菜。一段时间，小朋友就会抱着一捆捆刚采摘的青菜，送到厨房里，今天中午就来一盆"清炒菜心"吧！

自从菜园建成以来，这里就成了孩子们课余时间流连忘返的"幸福乐园"。在这里，老师带着他们学会如何种植，观察果树、蔬菜，从书本中走出，再回到课堂。不同年级，开展不同的小农夫课程，低年级同学以感知为主，学习一些简单的播种知识，参加拔萝卜、观察蔬菜成长的体验；高年级同学开展写生、作文、土壤pH值的测试等，就是在这片菜地里，师生一起感受着"城市小农夫"的乐趣。

学生们在认真地种菜

一、来自学生的话

1. 吴杭同学

我们学校有个菜园子，每天中午吃完饭，我都会跟同学去那儿探望探望那些小菜苗，一天不去看看，总是不放心。它们生长得好不好？会不会忘了浇水？植物缺水，那可是会干枯的，我可不希望发生这样的事啊！

园子里面有一盆火龙果，它就摆在角落里，我是帮忙浇水的时候发现的。老师说，它不用浇太多水，会烂根，所以基本不用理会。听这么一说，我不敢随便浇水了，也明白了植物也有自己的喜好，一种植物有一种植物的习性，我们可要尊重它们。虽然火龙果长得并不好看，但它很独立，也很厉害，因为不像其他植物一样需要精心照顾，它总是把自己照顾得好好的，每次来看望它，总是傲然挺立，这段时间虽然天气寒冷，北风呼呼吹着，可它还长高了不少。这也就是每次来到菜园子里，我总要来到它面前，静静地看上一会儿的主要原因哦！心爱的火龙果，请你陪伴我，快快长！快快长吧！

2. 任泰荣同学

种个黄瓜真不容易啊！

这段时间，老师带着同学们一起栽种黄瓜苗。种黄瓜，每天要忙的事可多了。浇水、施肥，因为靠近金山湖，所以时常会有好些飞虫光顾，我捉了不少叫不出名字的虫子。这些虫子可"贼"了，就藏在叶子背面，你不加注意，还真找不到这些狡猾的坏家伙。

时间一天天过去了！哎呀呀，我的小黄瓜总算露出一点点小尾巴啦！又过了两三天，我来看它时，竟然长得有一厘米长了！我乐得哈哈直笑，我盯着它看呀看，嘴里不自觉地就背起了课文里的句子："我的小黄瓜，快长啊，快长啊！长得赛过大南瓜才好呢！"那天光顾着欣赏黄瓜，一高兴就把浇水这事给忘记了。还好，我第二天及时"抢救"，要不然我的黄瓜就枯萎了。从今以后，我可长记性了，再也不敢大意了，否则，后果会十分严重啊！将会把小生命给扼杀了。

种个黄瓜真不容易啊！但真的很有意思！

3. 张景森同学

草莓是一种既可以观赏又可以食用的水果，十分适合种植。

学校菜园子里就有我们种的草莓。草莓需要营养的土，我们选择在网上购买的营养土，同时配上一些自制的肥料——把鸡蛋壳和花生壳用搅拌器打成粉末混在土里。因为草莓是喜欢磷肥的，所以还可以把鱼刺和鸡骨头晒干用搅拌器打成粉末，将这些粉末混进营养土里。在盆底铺上一层落叶，这些叶子会被土壤分解成肥料。

在老师的指导下，我们学着自己育苗。先把草莓的种子泡在一个盘子里，首先铺上纸巾，把草莓种子放在纸巾上，然后再盖一层纸巾，加上水，放置在冰箱的保鲜层里冻三四天进行催芽，然后取出，放在育苗盘里，加上育苗

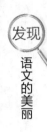

基质进行育苗，天气温暖的时候十天左右便会出芽。草莓苗长出来后，需要修剪枝叶和多余的根，然后用生根粉兑水泡一会儿，就可以移植到花盆里，移栽时要做到"深不埋芯，浅不露根"。再浇上生根水，把草莓苗放在阴凉处进行缓苗。缓苗过后草莓就会开始长叶子，然后开花结果，开花时如果没有蜜蜂就拿棉签蘸点花粉，帮助授粉。草莓可以利用匍匐茎长出新的草莓苗，但是在草莓开花结果时，老师会让我们把匍匐茎剪掉，因为它会吸收大量的养分。草莓也吸收叶面肥，可以适当地用牛奶和醋兑水喷在叶子上。这样草莓苗会长得更加健壮。

哈哈，相信在我们的悉心照料下，大家很快就能吃上南实菜园里酸甜的草莓啦！

给蔬菜松土

二、来自家长的话

1. 祖铭远妈妈

小菜园亲子活动，就像一把钥匙，开启了孩子们探索自然的大门。家长们也跟着孩子一起关注自然，热爱自然，回归自然。和我们大人相比，这一代的孩子生活在钢铁森林里，每天都是小区、学校、课外培训机构三点一线，即使周末休闲娱乐，也多是去电影院、游乐场、超市商场或餐厅。这些或冰冷或热烈的场所，完全没有生命的气息，孩子的童年少了一份触碰心灵的柔软。然而，南实的小小菜园，却打破了这样的圈子，孩子经常跟着科学老师来菜园看望"菜宝宝"，帮忙浇水、除草的同时，也看到了生命的历程：从种子入土，到抽出嫩芽，再到长出花叶，最后结出果实，既神奇得让人感叹不已，又神圣到令人肃然起敬。这样的活动，让孩子变得感性，懂得感动，学会感恩。

2. 郑予儿妈妈

今天是南实收获节，下午予儿兴冲冲地来到学校，一直在猜测，会有什么样的活动呢？

终于等到活动开始，大家来到二楼平台上的小菜园。真是太美了，烂漫的油菜花，水灵灵的小黄瓜，一嘟噜一嘟噜的小番茄，整个小菜园像个生机勃勃的小花园，瓜果满架，还真是秋日胜春朝呢！

和家长一起采摘

同学们三人一组，在工作人员的指导下自己动手烹制美食。孩子们又兴奋又紧张，菜还没下锅却把脸认真地凑近锅边，可急坏了旁边的家长。虽然有些手忙脚乱，还是炒出了一盘盘佳肴大家共享，真是要为孩子们点个大大的赞！

予儿站在炉边，一开始虽说也有点不知所措，但拿起锅铲来还是有点像模像样的，这得归功于老师平时布置的德育作业里有炒菜这一项，所以今天还算没露怯。虽说小手指被锅边烫了一下，但可乐鸡翅总算出锅啦！孩子们对可乐鸡翅可算是真爱了，鸡翅刚出锅，一瞬间就被迅速出击的筷子军团秒杀了，早在锅边守候的鬼精灵都差点没秒到。鸡翅虽然有点焦了，但都光盘啦！小厨师自己却没尝到，有点小伤心呢！

南实的收获节，既让孩子们感受到耕耘后收获的喜悦，又体验了一把小厨师的快乐，真是太赞了。

3. 吕佳诺妈妈

学校的菜圃不大，小小的暖房里，一排排的青菜瓜果顶开泥土，熙熙攘攘，满怀喜悦地和我们打着招呼。据老师们介绍，都是高年级的孩子们利用课余时间细心照看的，现在到了收获的季节，请大家一起来采摘品尝。

看到在家十指不沾阳春水的孩子第一次拿起了锅铲，郑重地系上小围裙，十分认真且小心地在志愿者们的指导下做出了一份并不完美但充满爱的菜品，一向能言善语的我词穷了，只余满心的欢喜。毫不夸张地说，这是我至今吃过的最有意义的菜，因为，它融合了学校的用心和孩子的努力。我们喜欢这样的活动，让孩子动手体验劳动，理解劳动的意义，学会负责，学会担当；亲自体会生活，感知它的不易，从而学会感恩，学会珍惜，学会知足。再望向小菜圃，我觉得它不止播种了蔬菜，更有勃勃的生机和希望！

和家长一起品尝自己的劳动成果

4. 吴悠然妈妈

非常荣幸能参加学校举办的"亲子摘菜活动"。从没进过菜园的吴悠然小朋友亲手摘了青瓜，认识了萝卜苗，还和小伙伴一起合作炒了辣椒焖豆腐。活动中，孩子收获了满满的成就感，还说期待参加下次的摘菜活动。作为家长，第一次尝到孩子亲手炒的菜，内心是感动的。看着孩子在"南实"开心快乐地学习，一天天成长，很庆幸当初的选择。期待下一次的活动。谢谢！

◆· 春苗菜园收获季 ·◆

"小朋友，让我尝尝你做的菜好不好？"12月23日下午，惠州市南坛小学实验学校热闹非凡，惠州报业传媒集团旗下今日惠州网联合安利公益基金会举行的"安利春苗菜园收获季"——快乐小厨师亲子分享会在这里举行，吸引了上百名学生和家长的参与。

参加快乐小厨师亲子活动

参加活动的27个学生家庭分为9组，每组制作3个菜品，均由学生在志愿者的协助下完成。主办方准备了制作各式菜品的原材料，有可乐、鸡翅、冬瓜、西红柿、鸡蛋、青椒、鲜肉等。其中，大部分蔬菜来自学校菜园。

家长和学生现场采摘"春苗有机菜园"收获的蔬果食材

"小厨师做的菜，有钱未必能吃到！"现场一位家长品尝一道刚做好的菜后马上评价，"不错，味道很正！"

认真的小厨师

该校一年级学生吴悠然在品尝其他菜品的同时，大方地向记者介绍自己做的一道菜——辣椒焖豆腐，这道菜品吸引了众多学生和家长前来品尝，大家边吃边称赞。吴悠然说，平时在家基本不做菜，参加这个活动非常有趣，让他觉得做菜并不是那么困难，以后有空就会在家做几道菜让家人品尝。

家长和学生一同品尝小厨师们做的菜

在场的家长纷纷表示，孩子平时动手做事比较少，饭菜一般是父母做好了才吃，这个活动不仅可以让孩子掌握一项生活技能，锻炼他们的动手能力，也能让他们懂得勤俭节约，懂得感恩。

采摘的快乐

据介绍，"'膳'与爱同行春苗进校园"活动是今日惠州网联合安利公益基金会举行的公益活动。该活动在市区招募了10所学校共建"春苗有机菜园"，自2017年年底以来，包括市南坛小学实验学校在内的10所学校陆续开展

了菜园建设、播种、收获等活动，学生在老师的带领下，亲身体验了劳动和收获的乐趣。

（内容摘自2018年12月25日的"今日惠州网"）

科技小论文实践调查报告系列

◆· 洋快餐为何这样热 ·◆

一、调查目的及对象

吃洋快餐已经成为一种大众化的消费行为，然而在我国的医学家、营养学家眼中，洋快餐无异于"垃圾食品"，洋快餐为什么会让人们趋之若鹜呢？

二、调查方法

（1）走访调查。

（2）实地观察。

（3）问卷调查。

（4）查找资料。

（一）调查情况分析

1. 找一找

算一算肯德基和麦当劳一共有多少家，分布在哪些地方。（看惠州市地图）

2. 看一看

（1）收集有关洋快餐的广告或宣传资料。（优惠券）

（2）顾客特点：低龄化，结伴来的人多，以家庭为单位的较多。

3. 访一访

洋快餐店员工及社会各界人士是怎样看待洋快餐的？

4. 人们的不同说法

（1）我们是吃着肯德基、麦当劳长大的。如果较长一段时间没吃，就觉得生活中好像缺了什么。

（2）我们喜欢餐厅干净、整洁的环境和优质的服务，一边吃着汉堡、薯条，一边喝着可乐、奶昔聊天的感觉超爽！

（3）我们没有天天吃，每次吃得也不多，应该不会对身体有什么危害。

5. 调查问卷结果显示

据调查，三分之二的城市居民光顾过洋快餐厅，超过90%的孩子吃过洋快餐，其中平均每个月光顾洋快餐店一至两次的占20%。大多数孩子是在节假日去吃洋快餐，有三分之一的孩子选择在洋快餐厅过生日。

青少年钟爱洋快餐的原因：

（1）洋快餐重视以儿童为对象的促销手段；用简单的儿童游乐设施、成套的小礼物、各色甜食等，诱使孩子们不断地去消费。

（2）良好的就餐环境和服务质量让他们感到轻松愉快。

6. 查一查

分头去图书馆、互联网上查一查，向有关专家咨询：洋快餐的营养价值到底如何？

洋快餐是不折不扣的"能量炸弹"和"垃圾食品"。

"洋快餐"的分类：

（1）主餐类：汉堡包、焙烤食品（面包）、速冻食品、炸鸡块、牛肉片、火腿肠等。

（2）饮料类：啤酒、汽水、可乐、果汁、速溶咖啡等。

（3）小吃类：炸薯条、色拉、虾片、果仁、冰激凌及其他油炸膨化食品。

"洋快餐"的特点：

（1）"洋快餐"的三高特点：高热量、高脂肪、高蛋白质。

（2）"洋快餐"三低特点：低矿物质、低维生素、低膳食纤维。

7. 洋快餐危及国人慢性食品安全

（1）慢性食品安全——食品对各种慢性疾病和人体健康与寿命的影响。

（2）代谢综合征——食物当中的危险因素在人体中产生明显可见的疾病后果，一般要经过十几年至二十几年才能显现。

经常吃洋快餐的人容易发胖，而肥胖与糖尿病、高血压、高血脂、动脉粥样硬化等多种疾病有关，这些疾病又被称为代谢综合征。

在青少年时期，代谢综合征的表现并不严重，但儿童时期的肥胖可以使发生代谢综合征的各种危险因素聚集，给他们成年以后带来不良后果。因此，青少年的超重、肥胖问题，关系到他们一生的生命质量。

（3）洋快餐的某些食品是通过煎、炸、焙、烤的方式制成，在高温烹制过程中会产生丙烯酰胺。世界卫生组织专家研究发现：汉堡包、炸薯条、烤肉、炸鸡、薄脆饼中含有大量丙烯酰胺，其中炸薯条中的丙烯酰胺含量高出规定标准约100倍。丙烯酰胺可导致基因突变，损害中枢和周围神经系统，诱发良性或恶性肿瘤。

（4）饮料也是催人肥胖的原因。比如可乐、各种果汁、汽水，这些饮料中都加入了大量的香精、糖和人造色素，长期饮用后可因糖分的过多摄入而造成肥胖。此类食品还会影响青少年正餐的口味和食欲。

卫计委健康教育首席专家赵霖教授呼吁：不能再吃洋快餐了！

8. 洋快餐的五大危害

（1）损害少年儿童智力。

举例：2004年11月6日，程昭寰教授曾经在《中国食品报》撰文介绍加拿大研究人员用高脂肪和普通饲料来喂养2组一月龄的小鼠。当小鼠长到4个月时，再训练老鼠完成一项简单的记忆任务后发现，"胖"老鼠的表现远不如吃普通饲料的"瘦"老鼠，后者学习能力更强。研究人员由此得出结论：高脂肪的洋快餐会损害儿童正在发育的神经系统，并对其大脑和思维素质造成永久性的伤害。

（2）导致肥胖和性早熟。

举例：汉堡包、炸薯条等美式快餐可引起人体内激素的变化，易使食用者特别是少年儿童上瘾，难以控制进食量。因为人体内的激素——"瘦素"控制着人体的饮食行为，为什么小孩吃了一次洋快餐就想吃第二次，就是因为洋

169

快餐干扰影响了"瘦素"在体内的正常水平。由于洋快餐和可乐等饮料具有成瘾性，在欧洲，许多家长都禁止孩子吃美式快餐、喝可乐。

（3）氢化油导致慢性病。

举例：洋快餐用的油是氢化油，即把植物油加氢气后生产出的油，其含有约38%的反式脂肪酸——这是一种自然界不存在的脂肪酸，是人造的脂肪酸。由于人造反式脂肪酸具有耐高温和不易变质的优点，所以氢化油可增加食品的口感，并大大降低成本，在洋快餐中被普遍应用。然而氢化油会使得有助防止血管硬化的"好"胆固醇（HDL）减少，使容易导致血管梗塞的"坏"胆固醇（LDL）增加。长期食用反式脂肪酸会导致糖尿病、冠心病等慢性病的发生。一般的天然脂肪人体吸收后7天就能代谢排出体外，而反式脂肪酸则需要51天才能被分解代谢、排出体外，因此更容易造成肥胖。鉴于此，2006年10月30日，美国5500家肯德基连锁店被迫宣布停止使用氢化油，但是在中国，肯德基没有这样的举动。

（4）致癌物质含量很高。

举例：瑞典国家食品管理局于2002年4月24日公布的一项研究结果表明，汉堡包、炸薯条、炸鸡等食物中含有大量的丙烯酰胺，这种物质可导致基因突变，损害中枢和周围神经系统，诱发良性或恶性肿瘤。美国食品与药物管理局于2004年公布了750种食品检验结果，再度证实了炸薯条、炸薯片、爆玉米花及饼干中所含"丙毒"最高！

（5）"三高""三低"营养失衡。

由于洋快餐具有"三高"和"三低"的特点，即"高热量、高脂肪、高蛋白质"和"低矿物质、低维生素、低膳食纤维"，因此，国际营养学界称之为"垃圾食品"！

举例：2004年5月中旬，纪录片《给我最大号》在美国上映，并获得了2005年奥斯卡金像奖最佳纪录片的提名。该片记录了年轻的美国导演摩根·斯普尔洛克强迫自己在30天内一日三餐只吃麦当劳出售的食物和饮料。在这个过程中，有3位医生（心脏内科、消化内科、营养科）进行监督，并不断检查他的健康状态。此前，斯普尔洛克身高1.9米，体重不到84公斤，身体非常健康。实验进行2周后，医生发现其肝脏受到严重损伤；3周后，检查又发现他的心脏功能发生异常，为此医生建议他每天服用阿司匹林，但为了保证实验的真实性，遭到斯普尔洛克的拒绝。一个月后实验完全结束时，斯普尔洛克的肝脏呈现中毒反应，胸口闷痛，血压大幅度升高，胆固醇上升了65%，体重增加了11公斤。进行监督的医生明确指出：长期食用美式快餐等垃圾食品，可能会对健康造成永久性的伤害！

近年来，肯德基在中国的利润如同其开店数量一样快速上升，已占全球利润的三分之一。其经营者曾公开表示："我们希望肯德基成为中国人的邻居，你每天出门一转身就能看到它。""中国目前约有两亿人体重超标，600万人肥胖。洋快餐消费日益增多是造成中国糖尿病和高血压发病越来越多的首要原因。"

（6）全球抵制"垃圾食品"备忘录。

① 英国：2004年11月15日，英国政府发布《公共卫生白皮书》，禁止电视台在晚6时到9时的黄金时段播放垃圾食品的广告。在欧洲一些城市，政府不允许这类快餐厅建在繁华的市中心，以减少快餐对儿童的诱惑和危害。

② 泰国：泰国卫生部促进健康办公室2004年6月18日发起"弃绝垃圾食品"宣传活动，号召青少年拒绝洋快餐与膨化食品，从小对自己的健康负责。

③ 美国：2005年，美国农业部副部长说：美国24～74岁的成年人中，有65%体重超重，其中半数为肥胖患者。律师、营养学家、医学家和公众一致认为，快餐业应该对当前美国人民的健康状况承担重要责任！两年前，美国加利福尼亚州总检察长起诉十家著名连锁快餐店和食品制造商，要求法庭强制它们用警告标签标明其炸薯条、薯片中致癌物丙烯酰胺的含量。

④ 法国：在法国常常会见到一些志愿者在肯德基、麦当劳餐店门口劝阻他人不要消费垃圾食品，此类活动得到政府的有力支持。

⑤ 以色列：以色列每年专门设有"反麦当劳日"。

（二）想一想

根据以上活动，想一想为什么青少年都喜欢吃这种所谓的垃圾食品？中国传统的中国菜难道不比洋快餐有吸引力？

有些中式快餐厅，地面油腻腻，服务冷冰冰，厕所脏兮兮。

（三）调查报告总结

（1）要加强对青少年的营养知识教育。只有了解吃什么、怎样吃才是健康的、有益的，人们才会自觉抵制有害健康的快餐。

（2）中国小吃包含东西南北的不同风情，五花八门，品种繁多，物美价廉，要大力扶持传统、健康的中式快餐，将各种小吃统一成一个大的品牌。

调查人们的饮食情况

◆·养宠物给我们带来了什么？·◆

——关于社区养宠物问题的调查

一、调查方案设计

1. 调查背景

随着人们生活水平的不断提高，养宠物逐步成为一种时尚，许多市民都以家中养有宠物而自豪，小区里、公园里，我们经常能够看到抱着小狗、小猫的人。宠物已经是人们生活中不可或缺的一部分了。可是，宠物在给人们带来乐趣的同时，也带来了许多不便与烦恼。人们是怎样看待养宠物这件事的？养宠物到底有哪些利弊？为了了解人们对这一问题的看法，我们对同学们所居住的社区进行了调查。

2. 调查目的

了解社区内养宠物的成因及对居民生活带来的影响。

3. 调查对象

居住在调查社区中的市民。（因社区养狗的人较多，所以调查宠物对象主要以狗为主。）

4. 调查时间

问卷发放自2007年10月27日开始，截至2007年11月8日回收问卷。

5. 调查程序

首先，调查员在老师的指导下，根据调查目的编制调查问卷，采取抽样调查的方式，共计发放问卷84份（问卷见附）。同时，采用了走访调查、实地观察等方法进行调查。

6. 调查人员

王越、杨泽鹏、梁嘉伟。

二、调查情况分析

（一）王越同学的走访调查

选择了在南湖边牵着狗散步的三位住户进行采访。

家住南坛一位姓李的奶奶说："现在，孩子们都到外地工作了，自己在家很寂寞。养一条小狗，觉得生活充实多了。我把小狗买回来后，便到有关部门登记，并定期为小狗注射疫苗。"看来，宠物对老人是很重要的。

家住教育局大院的小胖阿姨说，原来他们家是不喜欢养宠物的，因为他们认为养宠物的人是感情孤独的人。现在，想法改变了，认为养宠物可以增强人类对动物的了解，保持人类和动物界的和谐关系。现在他们领养了一条小狗，并且把它当作家中的一分子。

家住西湖丽苑的小桃阿姨说："我养宠物的理由很充足，现代生活节奏快，压力大，养狗对于心灵的安抚和情绪的调剂有很好的帮助。"由此看来，养宠物实际上就是一种给自己"减压"，调节身心健康的有效方式。

（二）梁嘉伟的实地观察情况

每当晚饭后，在金山龙庭住宅区里，总会看到许多养狗的主人带着自家的狗溜达。有时狗的主人让狗在树下大小便，这让人很气愤；也有些狗主人带宠物狗出来，会带一些"粪袋"，让宠物在袋子里大小便，这样就不会破坏环境卫生了。但这样的人不多见。

（三）杨泽鹏同学的调查情况

1. 根据2007年11月17日的《惠州日报》报道

小狗、小猫乖巧可爱，一直是不少养宠物市民的最爱，然而时下的宠物市场却另类当道，蚂蚁、蝎子、仓鼠、青蛇，一些让人闻之色变的另类动物正在年轻人中悄然流行。

怪事：蚂蚁也当宠物。市区下埔的一家宠物商店中，在此挑选宠物的刘阿姨说："前段时间邻居家的小朋友不知道从哪里弄来一些蚂蚁当宠物，她念五年级的儿子知道后，就整天吵着要买，还说很多同学都在养。"宠物店里一个透明的塑料盒内装有蚂蚁，这些宠物蚂蚁体形约米粒大小，浑身黑色，盒子顶上有气孔，这种蚂蚁叫弓背蚁，不会咬人。一盒蚂蚁卖50元，买的人多数是中小学生。

宠物店行情：在市区南坛某中学后门一家宠物店里，蜥蜴、青蛇、蝎子等也吸引了不少学生。蜥蜴一般20厘米长，青蛇约50厘米长，售价每条需一两百元。而且是宠物越怪越好卖。

2. 小狗咬伤人事件

2007年1月，杨泽鹏的外婆和妹妹被家里养的小狗咬伤，需按时到防疫站注射狂犬疫苗。从这件事中，外科医生和兽医都提醒他们一家人：养宠物一定要慎重。一些野生动物具有攻击性，特别是孩子养宠物时，家长要格外注意，不要让孩子受伤。另外，不少动物都携带细菌和病毒，特别是平常少见的动物，它们可以通过接触传染到人身上，可能诱发一些奇怪的病症。也就是通常所说的宠物病。

三、调查问卷数据分析

（一）问卷数据的预处理

表1　调查数据预处理

共发放问卷	回收数量（份）	有效数量（份）	回收率（%）	有效率（%）
84	76	76	90.5	90.5

问卷数据预处理的结果如表1所示。由于很多原因，部分的调查问卷没能及时回收，无效问卷8份。我们根据是否养狗这一标准将问卷的调查内容分为A、B两个部分，其结构状况如图1所示。

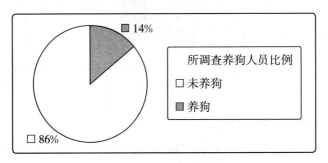

图1　调查养狗人员比例

175

（二）问卷A部分调查内容的数据分析

1. 养狗原因的调查分析

由表2可知，人们喜欢狗的原因有三：第一个原因是狗作为人类的朋友，从几千年前就开始了，由狼驯服而来的狗，具有忠心、勇猛、善解人意的本性，是不可多得的能与人类和睦相处的动物，它们看家护院，对人类忠心耿耿。像四（1）班的梁嘉伟同学家住金山龙庭住宅区，小区因地处较偏，入住率不高，治安管理系统还未完善，家里8至10月曾多次失窃，造成经济损失。所以，他们专门养了几条藏獒来看家；第二个原因，人们喜欢养狗，是认为养宠物可以增强人类对动物的了解，保持人类和动物界的和谐关系；第三个原因是排解寂寞，通过养狗使自己的生活环境变得更加热闹，同时可以缓解工作疲劳，舒缓压力。

表2 养狗原因分析表

养狗原因	缓解疲劳	舒缓压力	培养爱心	排解寂寞	心理寄托	看家护院
人数（人）	1	1	3	1	1	7
所占百分比（%）	9	9	27.3	9	9	63.4

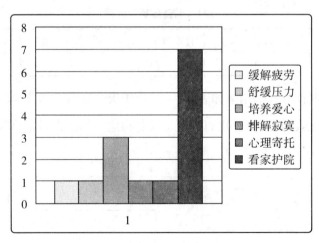

图2 养狗原因分析图

2. 人们每月养狗的支出

根据调查，如表3所示，我们了解到人们每月平均在宠物狗身上的花费多数是在50~100元的范围内，说明人们在养狗的同时，也没有把狗宠坏。

表3 狗的月均花费分析表

在狗身上的月均花费（元）	人数（人）
50以下	4
50~100	2
100~150	2
150~200	
200~250	
250~300	
300~500	1
500~1000	
1000以上	1
合 计	10

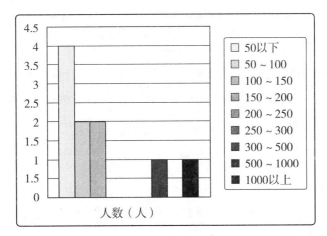

图3 狗的月均花费分析图

3. 关于宠物狗带来的麻烦

调查结果如表4所示，宠物狗虽然是人类忠心的宠物、良好的家庭伴侣，但是，任何事物都有两面性，宠物狗带给我们快乐的同时，也带来了许多麻烦。那么对于生活中由宠物狗带来的麻烦，人们又是怎么看的呢？狗主人们认为最担心的问题有卫生问题，影响邻居；有的认为要操心的事太多，过于麻烦。

表4　宠物狗带来的麻烦分析图

带来的烦恼	经济负担	卫生问题	影响邻居	过于麻烦
人数（人）		7	1	1
所占百分比（％）		63.6	9	9

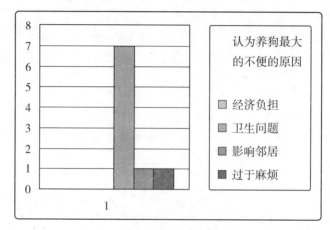

图4　养狗带来的麻烦示意图

对于宠物狗是否打扰邻居这个问题，我们在A、B组都设有此问题，A部分的结果显示（如图5所示），36％的主人认为自己的狗影响了邻居，而余下的64％的户主认为没有，可见对养狗的户主来说，都是很尽力地管教自己的宠物狗的。

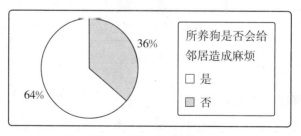

图5　狗是否扰邻调查数据分析图

对于国家发布的养狗条例是否清楚这个问题，从A部分回答的结果来看（如图6所示），清楚养狗条例的人占18％，清楚一部分条例的占46％，完全不清楚的占36％。

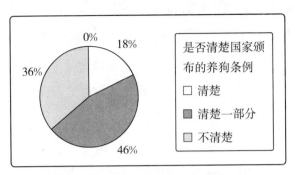

图6 是否清楚国家颁布的养狗条例调查数据分析图

（三）B部分的数据分析

1. 居民不养狗的原因

表6 居民不养狗原因分析表

原因	时间不够	过于麻烦	经济问题	卫生问题	影响邻居	安全问题
人数（人）	18	26	3	46	18	37

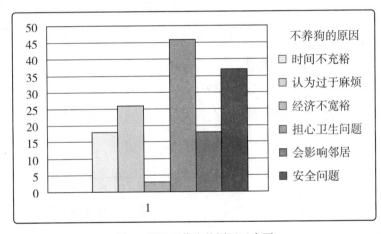

图7 居民不养狗的原因示意图

由图7可知，人们较担心的是：卫生问题、过于麻烦、时间不够。

（1）关于卫生问题。养狗的卫生问题，主要集中在如下几个方面：首先，狗会排泄、掉毛，以及狗会随身携带传染病。对于没有较好训练，排便位置不固定的狗来说，的确很让狗主人头疼。狗的粪便不仅难以清理，而且气味十分难闻，容易招引各种蚊虫，而且还可能携带有病菌。其次，狗的掉毛是非

常频繁的，当狗主人抱过狗以后，时常会发现衣服上留有狗毛。同时，狗还可能把毛留在沙发、毛毯、床等经常接触的位置，影响清洁。最后，据资料显示，狗普遍携带狂犬病毒，同时身上可能携带跳蚤等寄生虫，而要预防这些病毒寄生虫的药物往往比较昂贵，所以一般的养狗家庭不会特意去宠物医院处理这些问题，这就给家庭的卫生留下了安全隐患。

（2）关于觉得麻烦。养狗的麻烦在于，没有经过较好训练的狗，往往十分不听话，散步时乱跑；在家时，狗往往可能会大声号叫，影响邻居。同时，清理狗毛、狗粪也是很麻烦的；当狗主人要出门旅游时，要么将狗寄养在他人家中，要么携带狗一同外出，这就给主人带来了极大的不便。况且养狗还需额外物品，如食盆、狗链、狗窝等，准备物品也带来了许多的麻烦。

（3）关于时间问题。经调查，大部分养狗家庭都有宽裕的时间，如退休老人家庭，而部分喜欢养狗的同学家庭是由于家中有父母帮助，也可以腾出时间。对于大部分上班人员来说，由于工作时间长，时常早出晚归，一般中午都不能回家。无法顾及宠物狗的生活，同时亦难以满足狗狗的散步需求，无法给予宠物狗足够的照顾，时间上的不宽裕是造成这一人群不养狗的主要原因。

2. 养狗给居民带来的影响

根据调查所得数据（如图8、图9所示），受到狗的影响的人数占被调查总人数的63%，是相当高的比例，由此可见，居民的日常生活普遍受到了养狗带来的影响。

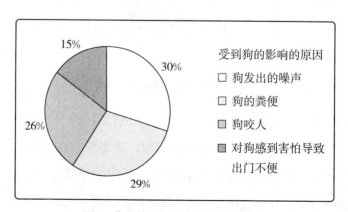

图8 养狗给居民带来的影响分析图

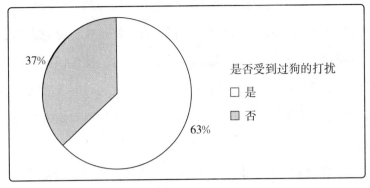

37%

63%

是否受到过狗的打扰
☐ 是
☐ 否

图9　养狗给邻居带来的影响分析图

经统计，最让居民烦恼的是狗的排便和咬人行为。市内不仅存在不少流浪狗，还有不少宠物狗，由于没有受到良好的训练，卫生习惯普遍较差，这些狗无法做到定点排便，使得社区的走道、楼道等因为狗的排便而变得污秽不堪，同时狗的粪便会招引蚊虫，以及本身携带的细菌、病毒，也给社区的卫生安全留下了隐患。

资料显示，许多宠物狗在买回家之后并未接种狂犬病疫苗，而未接种的狗极易携带狂犬病毒，这种病毒会存在于狗的唾液中，一旦狗咬伤人，就会使人患上狂犬病。狂犬病是一种潜伏期长、死亡率高的传染病，一般人在被咬之后会接种疫苗来防治，但此疫苗一般价格不菲，还需分五次注射，而且有效时间短，可以终身免疫的狂犬疫苗蛋白则更加昂贵。可见狗咬伤人，不仅会使受害者承受肉体的痛苦，还会带来时间、金钱上的损失。像四（1）班杨泽鹏的外婆和妹妹于2007年1月被家里养的小狗咬伤，需按时到防疫站注射6～7次狂犬疫苗。

3. 对社区内养狗的看法

对于这一问题，受调查者的观点大致可以分为以下几点：

（1）加强管理。

（2）依法养狗，规范养狗。

（3）杜绝养狗。

（4）加强卫生，注意安全。

对于（1）和（2）的建议，我们认为是十分合理的，要改善目前居民规范养狗、合理养狗意识薄弱的现状，需要政府严格地执行养狗方面的相关条例，加大对养狗人士关于养狗方面的法制教育宣传，使他们建立起对法律、规定的足够认识。同时，了解到规范养狗的必要性，可向养狗人士发放相关知识手册，使他们了解如何对宠物狗进行训练，该如何对狗进行相关的卫生保障。

对于（3）的建议，以及相关禁养、限养政策，我们认为是过于偏激的，因为狗是人们的朋友，也是人们生活中很好的伴侣。养狗会对居民生活造成影响，其根本原因是由于养狗人士意识方面的缺乏，而限制禁养并不能从根本上解决问题，同时还会损害到养狗者的利益。

四、结束语

鉴于以上调查分析，我们对养宠物有了更多的认识。得到的结论是：养狗固然是好的，只是目前社区内养狗人士对于养狗的许多认识还不足，还不能很好地控制自己的狗，在生活中造成许多麻烦，同时也给周围的人们带来了许多不便。人们对狗可谓是又恨又爱，其实只要好好训练狗，提高对国家养狗相关法规的重视，以及多关心尊重周围邻居感受，这样就算养狗也不会有不和谐的因素。所以，加强对狗的管理，以及对养狗条例的宣传，使养狗人士与政府密切配合，才是解决问题的关键，也是解决问题的最佳途径。如果要饲养另类宠物，一定要谨慎，最好是进行详细了解，弄清它的习性后再购买，并且在喂养过程中要做好防护措施。

附：

关于居民对宠物狗态度的调查问卷

尊敬的同学：

此次调查旨在了解市民对社区内养狗问题的看法，请根据你所居住的社区的实际情况回答以下问题（有些问题还需要得到父母的帮助），谢谢你的支持！

背景资料调查情况汇总如下：

完成调查问卷的班级分别是本校的三（1）班、三（2）班、四（1）班学生，共计84人。

您的性别：男（30人）　女（46人）

（1）您的年龄：

15及以下（　　　）

15～30岁（　　　）

30～60岁（　　　）

60及以上（　　　）

（2）你的家庭月收入状况：

1000元以下（8人）

1000～3000元（19人）

3000～5000元（30人）

5000～10000元（13人）

10000元以上（6人）

（3）您现从事的职业：

以实际调查情况为准。

（4）您是否养有宠物狗：

是（11人）（请回答A部分）

否（65人）（请回答B部分）

调查问卷表：

A部分	B部分
（1）您养狗的原因是： 缓解疲劳（1人）；舒缓压力（1人）； 排解寂寞（1人）；寻求心理寄托（1人）； 看家（7人） 其他＿＿＿＿＿＿＿＿＿＿＿＿＿＿＿＿	（1）您是否打算在以后养宠物狗？ 是（7人）； 否（58人）
（2）您养狗每月的花费（元）大约是： 50以下（4人）；50～100人（2人）； 100～150（2人）；150～200（0人）； 200～250（0人）；250～300（0人）； 300～500（1人）；500～1000（0人）； 1000以上（1人）	（2）您不养狗的原因是： 时间不充裕（18人）；认为过于麻烦（26人）； 经济不宽裕（3人）；担心卫生问题（46人）； 会影响邻居（18人）；担心安全问题（37人）
（3）您养宠物狗是否给邻居造成过麻烦： 是（4人）； 否（7人）	（3）您是否受到过狗的打扰： 是（48人）； 否（28人）
（4）您认为养狗最大的不便是： 造成经济负担（1）；卫生问题（7人）； 影响邻居（1人）；要关心的太多，过于麻烦（1人）	（4）您受到的影响是：（可多选） 狗发出的噪声（44人）； 狗的粪便（44人）； 狗咬人（40人）； 对狗感到害怕导致出门不便（23人）
（5）您家所养的狗的数目为：＿＿＿＿＿＿＿ （以实际调查数目为准） 狗的种类：＿＿＿＿＿＿（以实际调查数目为准，可只填大或小型）	（5）您对社区养狗问题的看法是： ＿＿＿＿＿＿＿＿＿＿＿＿＿＿＿＿＿＿ ＿＿＿＿＿＿＿＿＿＿＿＿＿＿＿＿＿＿ ＿＿＿＿＿＿＿＿＿＿＿＿＿＿＿＿＿＿
（6）您对国家发布的养狗条例清楚吗？ 清楚（2人）；清楚一部分（5人）； 不清楚（4人）	
再次感谢您的支持！	

以下为相关图片展示：

同学们在进行宠物饲养调查

同学们参加在佛山举行的第23届广东
省青少年科技创新大赛

比赛现场答辩环节

《养宠物给我们带来了什么？》获得省市级荣誉

后 记

  书稿付梓，我们姐妹俩无比欣慰。一本书，珍藏的不仅是一路探索、实践的记忆；这里面还有一路的收获，一路的欢笑！

  最好的时光是什么时候呢？很多人听到这个问题都会不由得回想过往。逝去的岁月由于带着时间的滤镜自然有一种美感，可我们所处的当下因为能牢牢掌握在自己手中，所以也十分美好啊！因此，新的学期，坚持做一点点有益于自己的事，剩下的就交给时间吧！

  该书得以顺利出版，需要感谢身边朋友们对我们俩的鼓励和支持，感谢编辑对内容和细节的专业把控，是大家的点滴付出，成就了今天的这本专著成果。

  心里面还充满着感恩之情，它来自于我们姐妹两人所拥有的温馨家庭，父亲是二十世纪六十年代的华南师范大学的毕业生，曾经上山下乡扎根农村教育事业；也还曾作为农村优秀教师代表到北京参加大阅兵活动，在天安门城楼前接受过主席的检阅，这次难忘的经历，一直是我们全家的荣耀！退休后，被聘为广东省督学的他还依旧精力充沛地行走在基础教育的第一线。在父亲身上，我们读懂了作为老一辈的教育工作者，父亲在历经岁月的打磨后，沉淀下来的不仅是一份人生的乐观和睿智，更有一份对教育本质的通透理解和质朴的热爱情感。因此，也是在他老人家殷殷的期望下，有了我们姐妹俩这一次的勇于挑战！由于时间和认知的局限性，书中难免会存在各种问题，如有不妥之处，恳请大家提出宝贵意见！

许 红

2019年3月1日